史生荣 —————— 著

学霸孩子
养成记

北方联合出版传媒(集团)股份有限公司

万卷出版有限责任公司

ⓒ 史生荣 2023

图书在版编目（CIP）数据

学霸孩子养成记 / 史生荣著. — 沈阳：万卷出版
有限责任公司, 2023.9
ISBN 978-7-5470-6333-0

Ⅰ.①学… Ⅱ.①史… Ⅲ.①儿童教育—家庭教育
Ⅳ.①G782

中国国家版本馆CIP数据核字（2023）第133224号

出 品 人：王维良
出版发行：北方联合出版传媒（集团）股份有限公司
　　　　　万卷出版有限责任公司
　　　　　（地址：沈阳市和平区十一纬路29号　邮编：110003）
印 刷 者：辽宁新华印务有限公司
经 销 者：全国新华书店
幅面尺寸：160mm×230mm
字　　数：200千字
印　　张：16
出版时间：2023年9月第1版
印刷时间：2023年9月第1次印刷
责任编辑：胡　利
责任校对：张　莹
封面设计：仙　境
版式设计：徐春迎
ISBN 978-7-5470-6333-0
定　　价：49.80元
联系电话：024-23284090
传　　真：024-23284448

目　录

第一章

培养学霸孩子，其实没那么难

培养学霸孩子，并不是一件很难的事情，只要有充足的信心和科学的方法，普通家庭也可以培养出优秀的孩子。

第一节　培养学霸，从喂奶开始

学霸养成小贴士：一年之计在于春，一日之计在于晨。良好的开端是成功的一半，想培养出学霸孩子，从孩子出生起，家长就要有坚定的信念和决心。

庄稼种不好是一季的事，子女教育不好是几代人的事。孕育了孩子，需要思考的第一件事应该是怎样教育好孩子。父母头脑中有了教育好孩子的强烈愿望，才能时时处处想着教育孩子，这也是教育好孩子的基础。但不同的教育方法，会导致不同的教育结果。这是因为，遗传素质只能为人的发展提供可能，而人是社会的产物，后天的教育才能让人成为社会的人。

打个比方，孩子一生下来，大脑就像一台没装软件的计算机，给孩子的大脑装什么样的软件，输入什么样的内容，孩子就是什么样的人。大家都知道印度狼孩的故事，1920年狼孩卡玛拉被发现时，有七八岁，行为习惯已经和狼一模一样了。狼孩卡玛拉回归人类社会后，虽然得到了人的精心培养，但因为错过了早期人类的教育，尽管大脑结构没有问题，但狼孩活到十六七岁，只学会了几十个单词，终究也没能成为真正的人，智力也只相当于三四岁的小孩，而且许多狼性也没改掉。

这就告诉我们，人的智慧是后天教育学习的结果，而且孩子的每个成长阶段都有其自身发育的特点，也有发展成长的关键期，错过了关键期，就像狼孩卡玛拉一样将永远难以挽救。

所以，从孕育孩子那一刻起，就应该有意识地进行教育。我们虽然还不能科学地解释胎教，但母亲能够把营养物质传输给孩子，很大可能也能把思维情绪传递给孩子，对孩子的发育发展产生影响。但这种具体的影响我们还无法准确地说清楚，那么我们只能从孩子出生后说起。

外孙女是在美国的一家医院出生的。孩子出生后，医生并不清洗孩子，而是把孩子直接放到母亲的胸口，让孩子继续感受母亲的心跳和体温，意思是不要突然断开和母亲的联系，尽可能把一切差别搞得小一些，让孩子受到的变化刺激小一些，孩子也会平静一些。等母亲恢复一阵后，就有喂养方面的医生来告诉怎么喂奶。这让我想到我女儿出生后的情景。

那时没有谁指导我们怎么喂养孩子，妻子第一次给女儿喂奶时，我突发奇想，要考验一下女儿聪明不聪明，便要求妻子让女儿自己来寻找乳头，因为哺乳动物都是自己寻找母乳的，小羊寻找母乳的过程我一直感到神奇和佩服。女儿脸贴着母亲的胸膛拱动一阵后，终于找到了，我们也更加兴奋，感觉女儿的智力是没有问题的。

现在看来，这样做是对的，但并不是要看智力。母亲给孩子喂奶，其实也就是教育孩子的开始。母亲让孩子自己去寻找乳头，不管能不能马上找到，这个过程就是对孩子智力和体力的锻炼，也是给了孩子第一次学习、实践和思考的机会。成功了，对孩子来说，肯定是一个鼓励，肯定也会将这种记忆深深地扎根在脑海中，从而促进孩子更加积极地去寻找和学习，这也许是大自然给哺乳动物设计的一个成长环节。

另一方面，这样做也是对父母的一个提醒，让父母懂得教育无处不在、无时不在。不管喂奶本身对孩子教育作用的大小，做父母的这样做，至少是有一种想把孩子教育好的强烈愿望和责任。有了这样的强烈愿望和责任，教育好孩子就有了一个基础，教育好孩子也就不是一件困难的事。

我们知道，有强烈的愿望，才能把事情办好办实，教育孩子更是如此。有了教育孩子的愿望，我们时时事事就会想到教育孩子，也会时时处处约束自己，给孩子做出榜样，而且做每一件事情，都会想到对孩子的影响，都会想到孩子看到后会不会跟着学。有人说好父母才有好孩子，其实说的就是父母对孩子教育的重要性。

女儿出生后，我看到她是一个健康的婴儿，悬着的心就放了下来，然后想的就是如何教育好孩子，而且不知怎么回事，当时好像特别有信心，整个人也特别精神。从医院回到家，我和妻子就商量教育孩子的事。记得当时说了很多，也一起定了许多条规矩，如怎么给孩子做榜样、怎么教孩子知识、怎么爱孩子尊重孩子、怎么鼓励孩子等。这些带有浪漫色彩的约定，虽然在以后的教育中有的可行、有的不可行，但这种强烈的教育愿望、处处想着做榜样的想法，还是想对了，起到了很好的作用，也成为教育好女儿的一个基础。

但只有教育孩子的热情是不够的，父母还要学习一些教育的方法和理论，如果没有教育孩子的经验和这方面的知识，很可能会让教育南辕北辙，因为哪怕看起来很小、很简单的事，也有一定的科学道理在里面，不学习不思考，仅凭自己的热情和想象，很可能惹出麻烦。有一件事我印象特别深刻，也很能说明一些问题。

女儿出生后当时没有母乳，好在我们的学校是农业大学，有一个规模不小的奶牛场。从医院回到家，我便跑到奶牛场买来两瓶牛奶。因为我们这一代人是喝清汤长大的，总觉得清汤是敌人，牛奶当然比清汤更清，便又放锅里熬了一会儿，而且只要孩子哭闹，就不停地喂。一天以后孩子哭闹得更加厉害，问大夫，才明白牛奶要兑三分之二的水才能给婴儿喝。细想吓一大跳：那么大的牛犊吃的东西，几斤重的婴儿怎么能消化得了。

这件事一下提醒了我，必须得学习一些育儿知识，必须得科学喂养，以后也要科学地教育，遇事必须要仔细思考和分析，而且一切思维都要站在孩子的立场上，把自己当成孩子来思考和决定，绝对不能凭自己的想象和经验来对待和教育孩子，也不能以自己的感情和好恶来要求孩子。经过这样的思考，我便跑到书店购买了一些育儿和培养教育方面的书籍。现在想来，这些举措对女儿的教育起到了至关重要的作用。

但教育人是一门非常复杂且需要灵活运用的科学，俗话说百人百性，千人千面，对孩子具体的教育，就不能生搬硬套，要具体情况具体对待。可话说回来，虽然每个孩子都是不同的生命个体，但孩子又是一样的孩子，生下来哭声相同，身体、生理结构相同，这就具有共性，也就有普遍的教育规律。特别是婴儿，普遍性、共性更多，而此时的婴儿，大脑处于快速发展时期，而大脑的知识又相对空白，这时的一切教育，都将是基础性的，都将会形成牢固的、永久的东西，就像那个狼孩。

因此，此时的教育绝对不能错过，而且更要科学正确。好在此时幼儿个性的东西很少，共性规律性的东西较多，许多教育经验可以通用。随着孩子的长大，个性的东西就会增加，但这些增加的个性也基本是教育和环境影响的结果。因此，此时的教育，就要结合孩子具体的情况，在共性教育特征的基础上，来思考判断个体的不同，制定出个体的教育办法。

女儿现居美国，那里的育儿和教育书籍也很丰富，网络育儿经验更是五花八门。女儿做母亲时，她差不多已经通过学习成了半个育儿专家，而且她学的那些育儿知识多是美国式的。女儿的孩子出生后，我们的中国经验和美国经验就有了一些碰撞。

在美国，生完孩子出院时，医院有一个育儿培训。按医生的说法，在母亲奶水没下来之前，不要给孩子喂奶瓶吃东西，不然孩子将不会吮吸母乳或干脆拒绝母乳。出院回家后女儿便严格遵守这一规矩，两天多仍然没有母乳，看着孩子饥饿可怜，我们要给喂点儿水，书生气的女儿却不同意。第三天去医院给孩子体检，孩子的体重减轻了很多，已经到了脱水的边缘，而且有了较重的黄疸。这下我们慌了，急忙回来将早已买好的液态奶给孩子喂上，孩子很快有了精神。现在想起来都悔恨。这件事情告诉我们，什么事都要具体情况具体对待，也许医生说的是预防孩子不会吮吸母乳或干脆拒绝母乳，但两天多没母乳时，就应该想办法给孩子喂食，至少应该喂水。

有了这个教训，我们不再死守教条，更注意具体情况具体对待，更注意自己的观察思考。给孩子穿纸尿裤时，按上面的说明要把裤腰处勒紧。看到女儿勒得很紧时，我提出松一点儿，因为长年累月勒紧会影响孩子的血液循环甚至发育，但女儿说松了会漏出排泄物。我还是坚持放松。放松后果然挤出了大便，女儿自然抱怨我不按说明书做，但我的理由是，说明书是站在防漏的角度来说明，而我们则是站在孩子成长的角度看问题，漏点儿出来可以洗，如果伤害了孩子，将无法弥补。但女儿也看重干净卫生，最后只好折中，勒得稍微松一点儿，漏一点儿出来也要容忍。

有人说聪明是天生的。我不否定有天生的成分，占多大比例也难说，但我认为更重要的是后天的教育，不管天生多聪明多健壮，不接受好的教育肯定不可能聪明下去，不好好喂养肯定健壮不下去，因此有"跟好人学好人，跟着巫师会跳神"的说法，而且狼孩就是很好的证明。而我的另一个体会是，我陪同女儿去美国的妇产医院生孩子，出生的那么多孩子，不论哪个种族什么肤色，哭声都一模一样，根本分辨不出哪个是自己家孩子的哭声。

这就告诉我们，不管哪个国家、什么人种，人的本质是一样的，教育的许多东西应该也是相通的，也就是说教育的共性要大于差异。因此，教育孩子，诸多经验是可以共享的。多学习，多思考，多总结，就会找到教育好自己孩子的办法，长久不懈地坚持下来，孩子就能得到良好的教育，孩子也能成为父母希望的孩子。

第二节　生活处处有教育

学霸养成小贴士：知识和生活密不可分，教育也就无时不在，无处不在。日常生活中的教育才是最好的教育。

不少人和我讨论，教育孩子的关键是什么。我觉得教育孩子就是日常生活，日常生活的点点滴滴、日常生活中父母的一言一行，都是在教育孩子，都是孩子学习的内容。因此，不要一提到教育，就想到专门的教导和训练。如果把教育孩子看成一项高深的事情，或者看成一个专业的事情，反而不一定能教育好孩子。

这是因为你时时想着教育孩子，处处都在教育孩子，孩子就会感觉时时处处被人指使限制，被指使被限制孩子当然不高兴，也当然会认为限制他的人就是对立面，甚至就是敌人，从而不友好，然后本能地厌烦，甚至反感逆反。而把教育融入生活中去，不显山不露水，却处处都在引导，处处都有教育，这样孩子就是在玩中学、学中玩，学习也就成了日常生活，学习也成了玩耍的乐趣，这样孩子既愿意接受，也愿意去模仿，学习就在无形之中成了孩子的自觉行为。

女儿出生后，我本能地感到亲切欢乐，于是就喜欢抱着逗她。我噢噢地发声引逗她时，发现她对我的声音有很大的反应，眼睛盯着我的嘴一动不动地看。我一下感觉我的声音能够引起她的一些表情反应和情绪变化，也说不定能引起她大脑的思考，这应该也是一种积极的教育，因此便在每天抱她的时候，高兴地用各种嘻嘻哈哈的声音来引逗她。

这样几天后，她就有了回应，也张开嘴发出噢噢的声音，这样我就和她一样噢噢地玩，然后每天再变换一些声音，和她每天都玩得很起劲，我不停她也不停，而且她脸上的表情也更丰富了，很快就有了笑意。再后来我把她抱在怀里，她就主动噢噢地逗我。这样我就更进一步，抱着她我又唱又跳、又叫又笑，像个疯子一样逗她，而她的表情也越来越复杂、越来越多变，常常还高兴得舞手蹬腿。我更清楚这样的教育是有作用的，我的信心也更足了，于是就抱着她更起劲地唱歌跳跃舞动，我对妻子说我是在娱乐，也是在锻炼身体。我这样闹腾，她的表情和动作也越来越丰富，甚至思维也能跟着我的喜怒哀乐。有一次我假装哭，她竟然也哭了。

我一直认为，人体所有的器官都是可以锻炼成长的，铅球运动员可以将手臂锻炼得强壮有力，那么大脑也是可以通过思维来锻炼得发达有力的。基于这样的认识，我的外孙女出生后，我就仍然像当年引逗我女儿一样来引逗教育我的外孙女。写到这里，我翻出手机里的照片和视频，准确地查出孩子出生十七天时，就能回应我的声音了，我叫她也叫，我音长她也能长，我音短她也能短。

语音表现思维，表情反映思维，训练孩子的语音和表情，也是对孩子的思维进行训练，这无疑会促进孩子的大脑加速发育成长。

因此我循序渐进，开始给外孙女唱歌，她听得很专注，感觉也很有兴趣。后来她哭闹，我就抱着她给她唱歌，她立即就不再哭啦，而是专注地听。再后来发现，有的歌她爱听，表情很丰富，甚至有点儿激动，有的歌她反应一般。我知道她的大脑和思维已经能分辨旋律了，而且有了初步的好恶选择。

当然，这样的教育，既是对她语音节奏的熏陶，也是思想情感的交流，至少孩子能从声音的高低起伏感受情感的变化，从而勾起想学我发声的欲望。从观察看，这些训练是有显著效果的，首先外孙女对外界事物的反应要灵敏得多，外面有一点儿响动，她都会全神贯注地听，而且也有不同的表情。同时她的识别能力也超出一般。

大约是外孙女出生两个月，我女儿的朋友来看望，外孙女已经能认出陌生人了，盯着陌生人的脸看一下，立即哭闹着不让抱。而朋友的女儿比我外孙女大两个多月，不仅无法分辨出不同的人，好像也没有分辨的欲望，谁抱她都一样。原因很可能是没有这方面的训练，因为你不引逗孩子，孩子当然不会专注地看你，不专注地看就没有思考，也就没有分辨人脸的能力。孩子思考了，分辨了，这方面的思维自然会得到锻炼，能力自然会提高。而且这些能力是基础和种子，有了这些基础和种子，孩子的认识和思维就能依靠这些生长扩展，大脑的思维和认知能力也会发展得快一点儿。

我外孙女五个月时回国探亲，我引逗她唱歌。我唱"啊——牡丹"，她也真的跟着唱，长短声调一点儿不差，只是后面的"牡丹"两字唱不出来。开始大家都说孩子是无意的，就再唱，她仍然唱得很好，而且我不唱了她也能唱。把这些录成视频发到朋友圈，大家都觉得不可思议。但再教她难一点儿的，她就学不上，而且发音错误气流冲了嗓子，不断地咳嗽。我们立即停止教她，因为她还没有能够发出复杂声音的本领。后来我们给她买了一个叫"小鸡叫叫"的播放机，经常给她播放音乐和儿歌。

暑假我再去美国看她，她一岁八个月了。她最突出的特点就是唱歌，一个人玩时边唱边玩，出门上车坐好就开始唱，车开一小时她能唱一小时，而且会唱那么多的歌，"小鸡叫叫"里的那些歌基本都会唱，虽然歌词不准确，但声调一点儿都不差，可以称得上有了特殊能力。

外孙女一岁九个月去上幼儿园，唱歌的能力就超过三四岁的孩子，老师教的歌很快就能学会，而且从不跑调，老师都觉得很不一般，常把她唱歌的视频发到家长群里。这就更进一步证明，我这样的早期玩耍训练是有用的，外孙女和我女儿当年一样，在语言表达和认识事物方面，确实早于同龄的孩子。外孙女八个月时，已经能认识许多事物了，识物图片里的大部分图片她都认识，拿起图片鱼，她嘴里就能清晰地说出鱼这个词。而我女儿当年也一样，六月出生的她，春节回老家时她还不到八个月，就已经会叫爸妈，也会指着电视机说电，吃饭时会说饭，要尿时也会说尿，让我们一大家人感到惊奇。

生活中处处都能给孩子教育，教育的效果也会在生活中显现出来。我女儿稍大一点儿，我就尽力让她认识她接触到的那些事物。比如看到花，就给她讲花是怎么回事，如果时间允许而且她也有兴趣，我就讲一些花的故事，不管她听得懂听不懂，目的就是要让她觉得这事神奇有趣，远比表面看到的复杂深刻，里面也包含了许多故事和学问。如果她要没完没了地提问题，不管什么问题，不管我能不能回答正确，我都努力回答，也鼓励她提问，目的就是培养她的好奇心和想象力。

我们每天都要面对各种各样的生活内容，因此孩子的教育内容也就存在于日常生活中，随时随地都是教育。吃饭我们可以讲饭菜的做法，为什么这样做，粮食是怎么来的，数几个碗几根筷子，数几个饼子然后算每人吃一个共需要几个等。玩玩具时就讲怎么玩，玩具的基本原理是什么，我们小的时候怎么玩。当然，讲这些要在一起玩中讲，如果她专注玩，那就不讲只陪她玩。总之，是要把她当主角，一切要看她的情况和脸色，要让她玩得开心快乐，也听得有兴趣。

如果领她到外面玩，我就讲外面那些她感兴趣的事物。比如她看到麻雀，我就讲麻雀，讲"除四害"时怎么打麻雀，后来一个科学家怎么通过解剖麻雀胃里的食物，来证明麻雀是吃虫子的益鸟，然后又怎么保护。这些她当然不能完全听懂，但她会觉得有很多故事，这些故事会在她的头脑中埋下知识的种子，也会觉得麻雀也不再是简单的麻雀，这会为她今后的学习探索打下良好的基础。

女儿三四年级的时候，我们单位组织春游，有几个男孩抓了许多昆虫和小鱼，我女儿就讲哪些是脊椎动物，哪些是腔肠动物，而且还能说出动物的分类。这让我们所有的人都惊讶，然后他们问我是不是要让我女儿将来学生物。我只好问女儿是怎么知道这些的，女儿说家里有本生物书，她自己看的。我想明白了，除了他们老师在自然课里讲了生物知识，她幼年时我给她讲的那些植物动物的故事，也在她头脑中埋下了神秘和好奇的种子，让她一直有种探求清楚的欲望，于是见到生物书，自己就把这些弄清楚了。

女儿自己有了这些学习和教育的经历，她也同样在生活中处处教育她的女儿，她女儿更是什么都好奇，什么都要问清楚，我们说的话如果有一个词她不明白意思，也要问什么意思，直到讲清楚才行。这样她就积累了许多知识，也懂得了许多道理。

有一次去公园玩时，她爸爸将她扛在肩上，她就说："爸爸，你现在扛我，到你老了走不动了，我再扛你。"还有一次她姥姥和她妈妈视频，姥姥担心注射疫苗对胎儿有影响，外孙女立即说："不怕，妈妈是在打疫苗后怀的孕。"连这些她都懂得，可见父母说话时她是多么认真地去听。吃饭时，她爸爸忙着炒菜端菜，她就感到过意不去，笑着说："爸爸你不会怀孕，你就多干点儿活儿。"说这些话时，她才四岁半。

在生活中处处教育孩子，孩子也会对生活中的任何事情都很关心。我女儿小的时候就是有名的小操心、当家女，家里的什么事情她都要问，也都要参与。家里什么东西找不到，我们都习惯性地问她，她总能知道在哪里。我外孙女现在也是这样。

她一岁多时，吃饭时谁不在饭桌上，她就会喊谁吃饭。出门时，知道问门锁好了没有，而且上车后谁忘记系安全带，她立即就能发现而且一定要你系好。到野外玩耍，走时总要操心东西落没落下。那年暑假我们一起出去玩，回来时车开了好一阵子了，我女儿突然喊我的包没拿上。外孙女立即说拿上了，爸爸放到后备厢里了。她爸爸倒有点儿记不清了，停车看，果然在后备厢里。那年她只有一岁八个月。今年他们家装修房子，她爸爸比较忙，她和妈妈在外面玩了一会儿，她就说："咱们回家吧，回去帮爸爸干点儿活儿。"

在知识方面，外孙女应用知识的能力也很好。她一岁八个月时，我们领她去公园玩，看到乌云翻滚，她立即说天坏了，打雷要烧死人，然后要立即回家，一分钟也不再玩。在马路上看到小鸟不飞走，便会背诵诗歌"春去花还在，人来鸟不惊"。

现代社会对人的知识要求越来越高，但一般来说，绝大多数知识就是对生活中的事物的理解和认识，因此，知识和生活就密不可分，我们的生活，也就充满了知识，教育孩子不应当作是特意的工作，也不应看成是高深的学问，生活中处处都有教育，教育处处能在生活中体现。

因此，父母的一言一行都是在教育孩子，孩子的每一项活动都是在学习，对孩子的教育，也就是我们的日常生活，千万不要把教育孩子和日常生活割裂开来。因为对年幼的孩子来说，这个世界在他的大脑里还是一片空白，什么都需要我们来给他装入，什么都要靠我们来教育，而此时的教育，会让孩子形成基础性的心理和性格，会影响孩子以后的成长。另一方面，幼小的孩子还没有辨别能力，对什么都好奇，对什么都要模仿学习，孩子身边的人和事，就是孩子模仿和学习的对象，也是孩子的第一位老师。

教育就是日常生活，在日常生活中，父母在孩子面前绝对不可随便随意，更不能任性而为，而要想到一言一行都是在教育孩子，都会影响到孩子，都是给孩子做榜样。这样才能在潜移默化中教育好孩子，不会感觉到教育孩子是件很累很烦的事情，而是觉得教育孩子就是和孩子一起生活，一起成长。

第三节　化身孩子，共同成长

学霸养成小贴士：教育孩子就是要化身孩子。设身处地为孩子着想，教育才能事半功倍，一举多得。

教育孩子，主体是孩子，一切教育结果也要在孩子身上体现。怎么来教育，教育是否得当，一切都取决于孩子。因此，教育孩子，家长首先要化身成孩子。思考假如我是孩子，我会怎么想，我会怎么去做，我需要的是什么，怎样我才会高兴快乐。也就是说，化身成孩子，你才能知道孩子在想什么，孩子需要什么，怎么做孩子才能接受，怎么做孩子才能快乐，怎么做才能有最好的效果。这当然很重要，因为教育孩子的效果要通过孩子才能实现，你没办法强加于孩子，即使强加，效果也会很差，甚至走向对抗或反面。

具体来说，了解孩子，最主要的是了解孩子的心理需要、性格特点以及成长规律。只有了解孩子，按孩子的心理特征和成长规律来教育，才能达到目的，甚至事半功倍。另一方面，化身为孩子，孩子的许多行为和事情我们才能正确理解，因而做出正确的教育和决定，孩子的许多问题也就有了解决的办法。

比如教孩子说话。对成年人来说，说话是最简单的事情，张嘴就来。但你如果化身为孩子，从孩子的角度想，就能想清楚说话是多么不容易，因为说话既要控制气流，又要控制胸腔，又要控制口腔、鼻腔和舌位高低，还要控制节奏，想想都觉得要比吹奏乐器都难：舌位不对不行，嘴唇闭合不对不行，气流发送不对不行，鼻腔配合不好也不行，即使是前鼻音和后鼻音，那也差别不小。知道了说话很难，你就会想出教育的办法。

比如教孩子叫妈妈，如果你直接教孩子叫"妈——妈"，这么长一串音，要发出来就得控制各发音器官做连续协调的动作，孩子肯定听不清也连续控制不了发音器官，所以只能教她单音节，只有你张大嘴发"妈"音，连续就发这一个音，孩子也张嘴跟着学，反复练习发声，才有可能基本叫对。

孩子能发单音节的音，发对了要给予肯定鼓励，得到鼓励尝到好处，孩子就会主动再发这个音。练习多了，孩子慢慢就能控制好发声。孩子有了一些这方面的基本功，然后才能教双音节甚至更多音节。

我用这样的方法教我女儿，女儿说话就比别的孩子早。而且教孩子说话，也要从孩子的需要出发来教。我们最早教孩子的词，除了爸、妈，就是吃、喝这些她需要的日常用语。因为那时没有纸尿裤，我们也就怕她尿裤子，于是估计她要尿，就把她抱起来让她尿，同时我们嘴里不停地喊"尿"这个词。一段时间后，抱她尿尿时她也会喊尿，这以后她要尿时，就会喊尿。

女儿不但也这样教她的女儿说话，而且还教会了猫叫妈妈。她养了两只猫，每当猫想外出时，就叫喊着抓门，然后等待她来开门。

于是她在开门前，就用猫声叫"妈——噢"，过一段时间，猫叫开门的声音就变了，再以后猫不叫妈，她就不开门，从此猫只要想出门，就抓门大声叫妈。然后她继续教育猫，见到猫她就叫妈，很快猫见到她就主动叫妈。现在，她让猫咪叫妈，猫就能叫妈。

能把猫教会叫妈，我女儿当然会把她女儿教得更好。外孙女七八个月大时，爬到床边就能联系实际自己喊"掉"，同时也能转身爬回来。女儿把这些视频传给我，我们就一起总结教育的得失，觉得还是让孩子多听多练比较好，买一些发声对话的玩具，让她听儿童故事，这样她就不感到单调乏味，也能提高她学习语言的兴趣。

那年春节，一岁三个月的外孙女和我们日常交流已经没什么问题，而且语言大多是从录音机和电视里学到的书面语，我们每天陪伴她玩耍，她的语言进步更快，能明显地感到几天一个样。语言是思维的工具，语言丰富了，孩子的思维能力也就宽广了，大脑当然会得到更好的发育和锻炼。

教孩子学习，化身为孩子最为重要，以孩子的心理和思维去思考，然后做出决定，才是正确的决定。如果是幼儿，就要首先分析零基础时学习的困难和应该有的过程和步骤，分析对了，才能采取对的教育方法。下面说一些我们的具体做法。

孩子幼小时，思维基本是具象的，对抽象的、空洞的东西一般不会感兴趣。我女儿一岁左右时，我们给她买了一些看图说话的图片。刷牙的图片就是一个孩子在刷牙，我教她时，就一边做刷牙的动作，一边夸张有趣地嘟噜嘟噜学刷牙。而教她打篮球的图片时，就做运球投篮的动作，她也边笑边跟着做这些动作，看起来非常高兴。

那时我的父亲负责带我女儿，我的父亲退休前是教师，对我的女儿自然很有耐心，爷爷孙女整天就在一起游戏玩耍。我父亲说带孩子很累。这我知道，看滑冰的图片我女儿就让我父亲学滑冰，看小鸡的图片就要我父亲学小鸡，讲小羊和狼的故事也要我父亲学，一天下来确实受不了。我让父亲不能那么惯着她，但我父亲疼爱孙女，他也无法不满足孙女的要求，更不可能拒绝和孙女玩。

孩子爱玩，玩中学，学中玩，我女儿学得很起劲，很快乐，也学到了很多东西。那时我在学校研究生科工作，有研究生到家里来，看到我女儿拿起一本画册就能熟练地背诵里面的文字，很是吃惊，便问我是怎么教会孩子这么多东西的。

那时我只有一间住房，哪个研究生外出空出床位，我父亲就到哪个床位睡，非常辛苦。因此我女儿一岁八个月时，我就把她送到了幼儿园。因为我女儿在家学到了很多基本的生活常识，语言表达更没问题，在幼儿园时她虽然最小，但最听话，也最懂道理，老师常表扬她。过了一年多，她竟然成了正班长。这让我很意外，那天她回来说老师让她当"重班长"，我半天弄不明白，她说让某某当副班长时，我才一下明白了。

外孙女出生后，我女儿就查阅各种资料，将可买的玩具图片搜罗在一起，然后根据孩子不同年龄段的认知学习特点，选择合适的玩具和图片。

比如孩子出生后女儿就买了一些有色彩的装饰挂在婴儿床前。一两个月时就买了个拱门一样的半圆搭在孩子的床上，半圆上面挂满了彩色的鸟和小动物，打开开关，动物就会旋转和鸣叫，外孙女看到这些，就会兴奋得舞手蹬腿，有时还会发出喊声。孩子三个月大时给她买了个脚蹬的玩具，孩子躺在上面用脚蹬，就会发出响声，同时面前的图案也会闪动，这时孩子就会不停地蹬腿锻炼。孩子再大一点儿就是买一些孩子自己能玩的玩具，然后就是辨识图形的卡片等。

总之，要按照孩子的认知成长规律，一步一步地培养孩子，而且一步都不要缺少，这样孩子的各方面就能快速协调地发育成长。因为印度狼孩的故事告诉我们，孩子的成长是有阶段性的，孩子每个阶段的本领都是学习来的，哪个阶段的成长教育缺失，都将会影响一辈子。

化身孩子也是在理解孩子，互相理解，才能找到好的教育办法，才能有效地教育好孩子，做到既不拔苗助长，又不错过最佳的教育时机，适当地把孩子引向健康成长的快车道。而不理解孩子，按父母的意愿去要求孩子，往往会超出孩子的认知和接受能力，让孩子产生畏难和厌学情绪，影响孩子学习的积极性。

有个电视报道说，父亲将两岁多的女儿扔进水池，让女儿本能地在水中挣扎，说要培养女儿成为游泳健将。这样恐怖的训练当然缺乏科学依据，更不符合孩子的学习成长规律，只能让孩子对水产生恐惧。也有的家长训练两岁多的幼儿学钢琴，这样的做法也值得商榷。因为此时孩子的认知水平还达不到学音乐的程度，更谈不上兴趣爱好，如果逼迫孩子去学，孩子不仅会厌烦，而且会觉得学习是个苦差事，从而对学习别的东西不感兴趣，甚至产生厌学思想，给以后的学习教育带来麻烦。

当然，如果一心要将孩子培养成钢琴家，两岁多的孩子也只适合看看钢琴弹奏，然后按孩子的兴趣在钢琴上模仿熏陶，然后一步步随着孩子的成长进入正规的训练。

化身孩子，就会体谅孩子，而不会随意指责孩子，也不会恨铁不成钢，更不会对孩子灰心丧气。比如让孩子抓一个滚动的球，就要考虑孩子要抓住的困难，因为这既要判断出球滚动的速度，又要判断清楚出手的时间，抓住球就是两者的时间碰撞。因此这些都需要练习，需要对两者的速度有一个准确的判断，这些都是实际经验的积累。一开始孩子要么提前去抓，要么球滚过去了才伸手，这都是正常的，不要认为我们做起来简单，就说孩子笨。

如果以成年人的认知和经验去理解孩子，去教育孩子，就注定要和孩子发生矛盾，也会让孩子不信任、不崇拜父母，造成孩子不信任父母、父母不满意孩子的僵局。如果在这种情况下教育孩子，结果只能是顶牛和叛逆，如果孩子形成这样的心理，一切教育就会变得很麻烦。

女儿进入幼儿园的第一个六一儿童节，他们要演一个一群小鸭子的节目。这天女儿回来后很悲伤，说老师说她的动作做得不好。我和她母亲急忙让她做一下给我们看，于是女儿便学小鸭子走路。我们看到女儿下蹲和两腿外摆没问题，双手侧伸像小鸭的两只翅膀也没问题，问题是向前挪步时，女儿不是摇晃着小步挪动，而是像平日走路那样大步向前，没有鸭子摇摇晃晃走路的感觉。

问题找出来了，她妈妈觉得问题很简单，就给她示范小步挪动。但教了几遍，不到两岁的女儿就是不得要领，仍然按习惯迈大步，而且越做不好越焦急，也越不像，她妈妈也越没耐心，斥责她这么简单怎么就学不会。女儿急得一下哭了。

我觉得这不行，得想个办法来教。孩子抽象思维能力弱，必须要用具象的东西来教，而且这个动作并不难，女儿当然可以学会。

同时我也觉得这是女儿第一次学习跳舞，如果第一次让她感觉到难，感觉到跳得不好，从此就会失去自信，对跳舞也会没有兴趣，甚至反感，因此我不但要教她学会，要让她学好，还要让她感觉到不难。

我仔细想，关键是女儿没细看老师怎么挪步，也不理解动作的意思，也没见过鸭子走路。我必须形象地教她，然后再告诉她道理。于是我把每一步要迈出的位置，都用粉笔在地上画成圆圈，然后让女儿每一步都踏在我画的圆圈上。女儿踏着圆圈迈碎步，动作就一下又像又好，然后我告诉她鸭子腿短又胖，走路就这样迈着短腿摇摇摆摆。她一下理解了，也明白了动作的要领。在这个基础上我给她讲刚才错在哪里。女儿彻底明白后，高兴得不停地走，不停地练。

那天下午我去幼儿园接女儿，女儿看见我就兴奋地跑过来，一下扑进我的怀里，高兴地说老师夸她了，夸她做得最好，还让她排在最前面。我能够理解女儿的兴奋和自豪，我也很高兴地亲了她并表扬了她，一路抱着她愉快地回了家。女儿回到家后，又不停地学小鸭子走路。从此，我女儿对舞蹈有了兴趣，从幼儿园到中学，每逢演节目，她都是最主要的演员。

女儿上初中时，他们班来了个受过舞蹈专业训练的女生，排节目时老师便让这个学生领舞，我的女儿便默默地刻苦练习，几天后，老师就发现我女儿跳得更好一些，便把领舞换成了我的女儿。这件事让我女儿深受鼓舞，当然也会悟出一些学习甚至人生的道理。

但应该注意的是，我们家长往往会自觉不自觉地以我们自己的愿望和心理去教育孩子，以自己的好恶来评判是非，来指导孩子，当然也以自己的理想来要求孩子。

星期天，我在操场走步，有位爷爷带着孙子打羽毛球。孙子六七岁，基本打不了球，爷爷便喊："叫你奶奶来，你们两个打我一个。"孩子便拿着羽毛球拍去找奶奶，爷爷立即喊："放下球拍再去，拿着球拍干什么？"孩子不理睬继续走，爷爷竟然追上来要孩子把球拍放下，孩子很生气地把球拍扔在了爷爷的面前，仍然不紧不慢地走，爷爷又喊了让快走。

这场景看得我们几个人目瞪口呆，感觉我们的家长式教育真的是无处不在，根深蒂固，总把孩子看成是自己私有的东西，我要你怎么样就要怎么样，一切都得按我的意思来。而且也把孩子看成什么都不懂，而家长觉得自己什么都懂。家长什么都懂，当然得听家长的。

这样家长式的教育危害极大，也是棍棒教育的延续，你不尊重孩子，孩子怎么会跟着你学？有人会说虎妈狼爸的教育也好，其实是理解错了，虎妈狼爸是对孩子要求严，并不是什么都要按家长的意思来。

外孙女在美国的幼儿园学舞蹈，老师只是自己在跳，自己在做，并不要求孩子们怎么跳，也不说跳得对与不对。为什么这样做？他们的意思是如果孩子看我跳得好，跳得优美，你就跟我学，而且我也不管你跳得是不是和我一样，只要你觉得美、你觉得欢乐就行。结果是一群孩子主动跟在后面跳，快乐得像一群小鸟，而孩子有兴趣学，慢慢自己就会轻松地学会学好。

另一方面，孩子各个时期有各个时期的学习能力，也有各个时期的学习爱好，如果我们的学习内容和孩子同时期的爱好和欲望相契合，孩子的学习就是一件快乐自愿的事情。相反，如果和孩子同时期的能力和爱好相悖，学习就是一件艰难苦恼的事情，而且想让孩子学好，也是不可能的。

因此，了解孩子，化身孩子，就是随时替孩子着想，随时站在孩子的立场上去想，随时了解孩子的想法，随时了解孩子的愿望，然后把教育和孩子的能力以及喜好结合起来，这样孩子才愿意接受，愿意去学，教育的内因和外因才能达到和谐统一，教育才能取得好的效果。

女儿上小学后，由于学习很轻松成绩又很好，我们就想让她跳级上三年级。仔细分析，也觉得二年级的学习内容太简单，孩子基本都会，而且女儿聪明好学，跳一级学习上应该没问题，如果保持这种势头，到时可以考科技大学少年班。

妻子去和女儿的班主任老师商量，班主任不同意，觉得孩子跳级后学习会很吃力，也会遇到很多新问题，弄不好孩子会觉得难而失去学习的信心和乐趣，会把一个好学生变成差学生。我们虽然心里觉得未必，但还是听从了班主任的意见。

现在看来女儿没跳级是对的，什么事情都有个成长发展的规律，教育孩子更是不能心急，更不能以自己的理想去安排教育孩子。就像庄稼春天种下去，必须要等到秋天才能收获。

我认识一个孩子，父母都是高学历，在工作岗位干得很突出也很得志。在这样的状态下，父母自然对孩子的期望值也高。孩子比我女儿还小两个月，他们就让孩子提前一年上了小学。但上学后学习成绩就不怎么好，一直跟在大孩子后面追赶，更体会不到学习的快乐，当然也没有学习的动力，同时兴趣、爱好和大孩子不一样，也和大孩子们玩不到一起，心理方面也可能不快乐。后来跟不上又不愿意留级，又幻想觉得凭父母的学识优势，上中学时通过家庭教育就能扭转过来。但直到高中毕业学习都不太好。

有一次，我和孩子的父亲说起这事，孩子的父亲也认为是让孩子上学早了，一开始就竞争不过别的孩子，一下就没有了信心和自豪感，孩子很快就苦恼急躁，然后就厌学，后来就和家长顶牛作对，没有一点儿学习的主动性和自觉性，而且越教育越顶牛，越逼迫越反抗，让家长一点儿办法也没有。

孩子生理方面和成年人不同，这是我们容易看到的，但心理方面的不同往往会被忽视，而且往往成年人更容易用自己的心理来理解孩子，这就常常会发生一些矛盾，导致父母和孩子出现对立情绪。

我四五岁时，偶然捡到了一块小石头，有鹌鹑蛋那么大，晶莹闪亮，有点儿像雨花石。这对于一个生长在平原没见过石头的孩子来说，当然是一件宝物，于是我就整天拿在手里玩耍。突然有一天，石头找不见了，我于是便像疯了一样到处找，那种焦急，那种伤心，那种难受，好像丢了命丢了魂一样，整天哭着到处乱找，好像魔鬼附了体，也像有了精神病。家里人当然无法理解，因为在父母的眼里，也就是那么一块小石头，再普通不过了。父母自然先是打骂，然后想到疾病鬼神，于是折腾了好一阵子。

现在想来，那就是一个孩子当时的一种特殊心理，就像成年人突然爱上了一个让其神魂颠倒的人，然后这个人又突然消失了。如果这样想，我们就能理解不同年龄的人的不同爱好，就能够理解孩子的一些特别行为，也能对孩子的一些特殊行为宽容一点儿，并且找到正确的解决办法。

化身为孩子，以孩子的心理和思维去想问题，以孩子的认知和能力去培养孩子，是教育孩子很重要的一个出发点，也是很重要的一个方法。而且对教育孩子来说，最初教育的成败非常重要，好的开始是成功的一半。开头打不好基础，后面的事情就麻烦得多。就像印度狼孩，一开始给予狼的教育，形成了稳定的狼的心理，以后再给予人的教育就很困难。

照此类推，如果一开始就用成人的思维去教孩子，孩子学不会就责怪孩子笨，使孩子的自尊心和自信心受到伤害，孩子就会畏惧学习，也畏惧做事情，进而在孩子的心里埋下阴影，甚至形成一种畏惧逃避的稳定性格，以后不论学什么，都会信心不足，也会畏首畏尾、瞻前顾后，甚至会抗拒学习，持续下去就会形成一种逆反心理。

因此，在教育孩子前，做父母的首先要了解孩子，要把自己当成孩子，然后用这样的方法想：假如我是孩子会怎么想，假如我是孩子会怎么办，假如我是孩子我能不能学会，假如我是孩子我在学习时会遇到什么样的困难。这样想了，就能找到正确教育孩子的方法和内容，让孩子在轻松愉快中成长，让孩子在轻松愉快中学习，让孩子在轻松愉快中学到尽可能多的知识。

当然，了解了孩子，你也就知道有些事情孩子是做不到的，或者是做起来很困难的，这样你就会学会放弃，放弃一些不切合实际的想法，放弃一些不切合实际的期望，把孩子当成普通孩子，然后让孩子先学习一些简单的基础的东西，把孩子的基础打好，让孩子按照教育规律和成长规律健康地成长，也按照学习规律和实践规律让孩子愉快地学习。这样孩子学习的后劲就足，也会有一个好的学习成绩。

第四节　兴趣是最好的老师

　　学霸养成小贴士：成功的秘诀在于兴趣，培养孩子的学习兴趣，比只让孩子学知识更为重要，有了对学习的兴趣，才能当快乐的学霸。

　　对于孩子的早期教育，重要的不是要孩子记住知识，而是培养孩子学习的兴趣，进而让孩子把学习当成乐趣，当成生活中的一部分，从而喜欢学习，喜欢探索，甚至把学习探索当成自己追求的生活，当成要征服的对象，当成最大的成就和荣誉。只有这样，孩子才有学习的动力，才能成为学习的主人，使家长在学习上不用为孩子操太多的心。

　　女儿出生不久，我就把她抱在怀里发声引导她注意我，同时也做鬼脸、唱歌、弹舌头逗她，以引起她的兴趣，然后让她跟着学。

　　女儿能够辨认图形时，我就给她买了许多图片，也买了好多本图画书，教她认图时，能发声的我就发声，能做动作的我就做动作。比如图片是小羊，我就先指着小羊一连读几遍，然后就边爬行边学羊叫。女儿对此有了兴趣，也想叫，也想学。这样玩耍式的学习，日积月累，十几本图画书都被她学得滚瓜烂熟。

同时，我教她图片时，会讲相关的故事，也讲一些别的故事，我的女儿都特别有兴趣，很快整天缠着让人讲故事。后来晚上睡觉时，必须要讲故事哄着睡，不然就不睡，也睡不着。有时我感觉她睡着了，一停下来，她立即就说："讲讲讲！"口气都很急，可见她听得是非常认真的。这样我不仅常常讲得筋疲力尽，也总觉得没故事可讲，只好大体上讲讲《水浒传》《红楼梦》《林海雪原》《蹉跎岁月》等，对这些她也很有兴趣。

我知道，书本里的故事，已经把她的思想带到了一个神秘的外部世界，让她觉得在她的生活以外还有一种更广阔、更新奇的生活，她不仅觉得新鲜，也特别好奇，有特别多的问题要问。这种状况一直持续到小学二年级，她能借助拼音阅读了，我就给她买了带拼音的儿童书，这样她就如饥似渴地自己看书了。

从此读书就成了她最大的乐趣，每天都要挤出时间来找书看，即使只能读懂大意，她也很感兴趣，放学后就急忙跑回家，扔下书包就从书架上一下找出几本书，然后放到床上贪婪地读，往往是饭熟了喊几遍都不应，只好把她拉过来，但坐到饭桌上，她往往又和我讨论书中的一些问题。这样一来，我女儿生活中最大的乐趣，已经成了看书，书也成了她最好的朋友。

那时我家附近有一个供销社办的商店，里面卖百货和食品，也卖书籍，我女儿一进入商店，只知道往书柜那边跑，不买一本书不离开，对食品和别的倒没一点儿兴趣。

女儿在北大中文系上学时，她床的一头和靠墙那边，都码了高高的一排书，整个床只留下了勉强能容下身子的地方。我看到后几乎要落泪，要她处理掉一些，她还是舍不得。

读研究生时，她又将更多的书垒在地上，垒成一个公用书桌，宿舍的电话和公用物品都放在上面。养成了看书学习的兴趣习惯，一切就好办得多。因为对获取知识来说，读书是捷径，前人大学问家们实践一生总结凝练成的知识，你几个小时、几天就能读完并领会，这当然是踩着圣人的肩膀往上爬。

另一方面，人的智力和思维是在学习中成长的，学习得越多，智力成长得就越快，而且有了一些知识，就容易理解另外一些知识。因此，我的女儿不仅从幼儿园开始学习成绩就好，而且在心智方面也高于同龄的孩子，许多家长都说我的女儿比同龄的孩子成熟。

到上中学时，她对知识就不仅是学习，也有了探索研究的欲望，和我在饭桌上讨论的问题，也有了深度和研究的味道。有这样追求知识的浓厚兴趣和探索精神，学业成绩当然就很好。女儿中考时考入唯一向全省选拔招生的西北师大附中，而且是十二个班中唯一的奥数班。这种爱学习的精神让她受益终身，也教会了她如何教育她的女儿。

她也像我当年培养她那样去培养她的女儿，现在她四岁多的女儿已经在许多方面超过了她当年的水平，特别是读书，简直是嗜书如命。前年暑假我去看她，两岁多的外孙女不但不给读书就不睡觉，而且睡觉时自己挑一大摞书抱到床上，必须给她念完才闭眼睡觉。有时外孙女拿的书太多，为了让她早点儿睡，我就想偷偷少念一本，她立即就知道还有哪一本没念。要知道，她的小书架上有几十本书，她拿了哪些书她竟然能记得，简直让人难以相信。因此在她拿书的时候，我们就不得不先和她讨价还价，让她少选择几本。

值得一提的是，给她读书时，她不会睡着，而是睁着眼专注地听。虽然每天差不多都是那些书，但她就是有兴趣听，如果我念错了或者跳过一页，她就会立即纠正。如果我故意抵赖，她就会立即爬起来找出跳过的那页，脸上一脸自豪得意。这样读书学习，效果当然很好。

外孙女和她母亲一样，也是因为家里没人带她，一岁八个月就被送入了幼儿园。入园后她虽然年龄最小，但最懂事，智力也超过那些大孩子，而且从不哭闹任性，也特别爱学，老师教什么学什么，学得特别认真，特别有耐心，也特别有兴趣，效果当然也好，因此老师特别喜欢她。有一个老师有空就想抱她，然后和她一起玩。我女儿去接她，老师常常会跟我女儿夸赞个不停。

美国的那个幼儿园只教孩子涂画唱歌一类，外孙女涂的画经常被老师传到家长群里。音乐老师也很快发现她对唱歌有兴趣，并且她唱得好，从不跑调，又能很快学会，于是就教她弹钢琴。不久，老师说她很有天赋，便推荐给了市里很有名的一位钢琴老师。老师原本说她太小不收，但让她听音时，她竟然特别出众，老师连弹几个音，她都能听准确，老师说这样有天赋的孩子十几万人里面才会有一个。但我觉得是从小教育的结果。

因为外孙女对弹琴有很浓厚的兴趣，她跟着这位老师学琴，一年后就能表演了，还获得了一个市钢琴协会举办的区域钢琴比赛七岁以下组的金奖。我看到金奖照片时很激动，和外孙女视频，夸赞她说她已经是钢琴家了，没想到她却冷静地说："我离钢琴家还远着呢。"孩子有这样的水平和这样的认识，我真不敢相信，但这却是千真万确的。

外孙女弹钢琴的视频在我女儿、女婿的朋友圈里引起了不小的反响，于是有几个朋友也让自己的孩子去学钢琴。前不久，外孙女去参加一个音乐会，老师在报幕时就说给大家一个惊喜，然后让她一连弹了五首曲子，每首都引起热烈的掌声。这一天，外孙女只有四岁九个月。

兴趣是最好的老师，只有孩子想学、愿意学，才能学会、学好。因此，无论学什么，首要的是培养兴趣，而不是想怎么能学会。

女儿的经济能力要比我们那时好很多，她有能力、有条件给她女儿买更多的图画书和玩具，现在许多的图画书和玩具是需要孩子动脑筋的，也是培养孩子智力的，因此，更需要先培养孩子的兴趣，孩子才肯琢磨着去玩，也才能玩出快乐，才能起到锻炼大脑和身体的效果。一年暑假，我去女儿那里，外孙女一岁八九个月，他们给孩子买了许多拼图画片，有些画片很复杂，我费很大劲也拼不出来，但外孙女看一眼就能很快拼好。

女儿告诉我，每次买来玩具、画片、图书，她都先给孩子讲解示范一两遍，讲清楚那些要领和目的，示范清楚怎么去做，不管孩子是否完全听懂掌握，都是为了让她感到新奇好玩，然后她自己也想玩，会自己琢磨着去玩。因为这时孩子既知道大概怎么玩、怎么做，又不完全懂得，就会很有兴趣地自己琢磨研究。

如果孩子感觉到难，没了兴趣，她再详细示范讲解，因为这时孩子已经自己琢磨过，有了基础，所以一点就通，一学就会。当然，看到孩子玩错了或者玩得不好，她也会给孩子纠正。如果孩子做得好，她就鼓励表扬。这样孩子对绝大多数玩具和图片都有兴趣，来了人就快乐地表演给人们看。

那时女儿在家学习，因为要考博士，一岁左右的外孙女就整天在家里自己玩，玩完这个玩那个，每天都要把那些东西玩一遍，而且玩起来很有耐心和兴趣。比如拼图，如果大人不干涉，她能坐在那里很认真地拼一两个小时，而且很多图片既能自己看图拼，也能自己思考后按自己的想法拼。因此，她一岁八个月后去了幼儿园，幼儿园里的那些玩具她都能玩得很好，很有兴趣，也能得到老师的夸赞。

人的兴趣爱好应该是多方面的，只把孩子的兴趣吸引到书本上来是不够的，况且书本知识也来源于实践，实践才是知识的唯一源泉，同时实践也能让孩子更好地理解书本知识。当然，如果从孩子的本性上说，大自然才是孩子最感兴趣的。

因此，大自然和社会也是孩子最好的老师。让孩子对大千世界的一切产生兴趣，对生活的一切都能关注参与，孩子才能有兴趣学习，才能去主动学习，学习也才能取得效果。孩子积累了丰富的实践知识，理解能力和学习能力就更强，学习的积极性也更高，从而形成良性循环。

我们学校校园面积很大，绿化也很好。我女儿很小的时候，我们就抱着她到处走，看到花草、树林、鸟兽，都要给她介绍，能接触体验的，都要让她尝试一下，让她对一切产生兴趣，对一切都能有所思考，从而锻炼她的大脑和好奇心。

女儿两岁四个月时，我到成都出差就带着她，上峨眉山时，别人都是坐车上，我却买一根背带背着女儿爬山。从报国寺出发，天黑前到了洪椿坪，之间有五六十里。第二天返回时，我仍然步行下山，一路上除了给她讲解看到的东西，还和她一起抓蝴蝶、看小动物。

虽然她长大了没太多的印象，但从她当时兴奋的表情看，至少许多事物刺激了她的大脑，让她对许多事物有过自己的认识和思考。这些东西当然会存储在她的大脑中，有可能形成某种物质的东西，虽然日后记忆不起来，但当时对她的大脑发育和认识肯定会有影响，至少她看到那些照片或大人谈论起那些照片时，她能有一些回忆，而且增加了她对大自然探索了解的兴趣和愿望。

第二年暑假，女儿三岁，她母亲要到北京学习半个月，我们一家三口都去了，我每天都带她出去游玩。面对陌生的一切，她每天都处于兴奋激动之中，她到处跑、事事问，见到感兴趣的还要照相留念。到天安门广场和八达岭长城时，由于以前就给她讲了许多这方面的故事，她对这两处景物的反应就不一般，不但要到处照相，而且神态也很神气自豪。

今天看当时拍的相片，女儿双手叉腰一脸激情，有点儿豪气和霸气，我也能感觉出她当时的心态和情感。这样的游玩经历，也让她有了向小朋友们讲述的资本，这无疑会促使她今后更加努力学习，更加听父母的话，更加热爱父母，也更愿意努力学好，努力做一个好孩子。

女儿有了自己的女儿后，我在外孙女身上又看到了我女儿当年的影子，感觉外孙女又是当年自己女儿的模样。特别是教育方面，我女儿虽然接受了许多外国教育的理念，但大体上她仍然遵循了我教育她的方法，每到双休日，她都要带她的女儿出去玩，让孩子在大自然和社会中学习，孩子的兴趣也比当年她的妈妈还要浓厚。

去年暑假我们去看她，外孙女一岁八个多月时，带她逛动物园。我们从一个玻璃窗口往里看，什么也没有，我们正疑问里面是什么动物，外孙女却立即说肯定是蛇，然后指着窗口旁边让我们看，我们才发现旁边画着一条蛇。再仔细往里看，果然角落里盘着一条蛇，她爸爸开玩笑说她已经成了一个老导游了！可见她的观察能力和判断能力已经得到了一定的锻炼。

培养孩子读书学习的兴趣，就要让孩子能感觉到所学的东西有趣、有意思，孩子感受到快乐了，才能主动地学下去，也才能在学习中思考一些问题，从而产生钻研探索的兴趣，最终成为爱好，甚至入迷。

因此，在给孩子选择读什么、看什么时，父母不要先入为主，更不能以父母的意愿来选择，因为孩子没兴趣，他就不会产生情感上的共鸣，也不会入脑入心。即使父母强迫孩子看或者学，孩子也只能是遵照执行，目的也是应付父母，自己并没有真学真想，更不会快乐。而且强迫孩子去做，孩子就会产生厌烦心理和抵触情绪，甚至憎恨所学的东西。

但需要说明的是，父母为孩子做选择、为孩子做主却是普遍的现象，有的人还认为天经地义，甚至不考虑孩子的感受就让孩子去学，结果可想而知。

在大学，常常有学生问我应该读什么书，我总是告诉他喜欢读什么书就读什么书。总有学生害羞地说他只喜欢读地摊儿上的武侠小说。我说那也很好，当你读多了，你的阅读欣赏水平提高了，你就会阅读那些更高雅、更有意义的书，直到养成读书的习惯，养成探究学问的习惯，你就会通过读书来探究学问，理解学问。

外孙女两岁八个多月时，只爱看动画片《小猪佩奇》，每天都要看，里面的许多台词都能背出来。我女儿想让她看得丰富一点儿，更想让她看那些真人演的反映现实生活的东西，但每当转换成别的，外孙女就不答应也不看。

女儿和我商量怎么办，我觉得不要着急，慢慢引导，随着孩子长大就会有改变。因此在每天给她播放动画片时，我故意先试探放别的，开始她都不接受，有一天她能接受小孩子们的舞蹈，然后《狼外婆》这样的动画片她也能接受了，而且看得伤心地哭了。一个月后，她已经能接受成年真人演的电视剧了。

但不管是什么电视节目，只要她不喜欢，我们立即就换，让她始终保持一种兴趣，始终觉得还有无数好看的在等她。因为外孙女看电视很入迷，眼睛不眨盯着看，半个小时她就开始揉眼睛，因此我们只让她看半个小时，有时她不肯罢休，就延迟一会儿或者哄她玩别的。

在阅读上也是如此，我们去国外看她时给她带了许多儿童读物，有的她喜欢，有的不喜欢，不喜欢的我们就放起来，她喜欢的就给她读，她要听几遍就给她读几遍，她要读哪本就给她读哪本。有些喜欢的书她竟然全记住了，我们读错一句，她立即就能纠正。

一个多月后我们回国时，好几本书她都能背下来了，而且常常她要自己来读，她拿起书一看画面，就能把解说的文字背下来。因此，孩子不愿意做的事情千万不要勉强孩子去做，更不能强迫孩子去做，强迫孩子去做不但做不好，还会让孩子厌烦而从此不再学、不再做。而孩子喜欢的，就会全神贯注，也会学好做好。

这就是说，父母引导孩子学习，要以孩子的快乐为原则，孩子爱上了学习，有了学习的兴趣和习惯，父母再引导和鼓励学那些必须要学的，而且引导也要循序渐进，要激发引导孩子的兴趣，切记不要急躁和强迫，更不能伤了孩子学习的积极性。

培养孩子的兴趣不能让孩子感觉到很难，也不能让孩子觉得很累。兴趣和畏惧是一对矛盾体，难了，累了，都会畏惧，更不会产生兴趣。因此，教育孩子，就不能以大人的兴趣和想法来教育，一切都得从孩子的实际出发，孩子感到难，既不快乐，也没兴趣，就要考虑另做选择。

女儿小学五年级时，老师让她星期天去上奥数班。上了几次后，女儿的情绪不好，感觉她很沮丧压抑，问她，她才告诉我她感觉有点儿难，有些听不懂。我立即看她的奥数课本和已经讲过的内容，发现许多是初高中数学的知识，我就告诉她以后不用去学了，这些知识到了初中高中就成了简单的知识。

她听了我详细的解释说明，心情一下好了起来，但她还是要去学，说学费已经交了，不去学可惜。我觉得由她，去了见识见识也好，反正她想通了，心情也放松了，在没有压力的情况下也许能轻松学会。但我还是告诉她，学懂学不懂没关系，因为这些班有商业化的味道，他们也不想让你完全轻松听懂，如果太浅就显示不出知识的高深和他们的水平。更不要和那些学得好的学生比，这样会打击自己学习的信心和兴趣。

但我还是有我的另一个担忧，如果听得懂听不懂无所谓，怕她养成听不懂也混过去的思想，或者有学得差不多就行的思想，因为不求甚解和浅尝辄止是学习的大敌，所以一学期下来我就坚决不让她再去，并且反复讲清不让去的道理。有一次，我和我的同事们讨论这件事，同事们说我女儿那时不上奥数班可以，现在根本不行，现在大家都去奥数班学，你不去就落后了，中考就要吃大亏。这当然也是事实。

其实女儿当时也有这样的问题，小升初时，数学有两道题她就没见过，无法做，她的同学上了奥数班就做对了。这件事如果单看这两道题是吃了亏，但从全局看，女儿没学这两道题，但她更多地学了别的，别的题和别的科目考得更好，总分还是不低，而且我的女儿学习是快乐的，也是轻松自如的，她学习的信心和热情没受到打击，她能更加快乐努力地学习其他知识，这也是有得有失，而且我觉得得大于失。

我更想看到我女儿能快乐地学习，快乐地成长。如果让我选择，我宁愿要一个快乐普通的孩子，也不愿意要一个整天愁眉苦脸在苦恼中挣扎的书呆子。

另一方面，孩子一生要学习的东西有很多，可选择的也很多，有些不喜欢的可以放弃，一生做自己喜欢的事情也是一种幸运和幸福。我女儿喜欢文科，尽管她的数学不差，可以选择那些大学毕业后挣钱多的热门专业，但我还是尊重她的兴趣和选择。高二文理分科时，她要学文科，就让她从那个多少人羡慕的奥数班转到了普通的文科班；考大学时她要学相对冷清的中文专业，我们也由她自己选择。

这里还想说一个问题，在很多情况下，父母能感到快乐的东西孩子未必能感受得到，孩子的快乐父母也不一定能接受。因此，就不能什么事情都按父母的愿望去做，更多的时候父母要克制自己的欲望，一切要客观冷静思考，一切要量力而行，一切要站在孩子的立场上考虑，要多征求孩子的意见，这样孩子才能快乐，才能有兴趣快乐地学。

而有些东西孩子未必想学，也未必能体会到学的快乐，但必须得去学。这时父母就要多做思想工作，多鼓励孩子去学，在学习中让孩子慢慢体会到学习的成果，慢慢觉得也不难、也有趣，孩子自然就感到快乐了。

有一次，我们带外孙女去海滩玩，她当时一岁八个月，出发时我们都信心满满，给她买了玩沙子的各种工具，有铲子、勺子、桶、碗等。但到了沙滩，外孙女却害怕松软的沙子，先是不敢站在沙滩上，我们劝说示范后她才勉强敢站立，但战战兢兢不敢在沙滩上迈步，还死死抓住大人的手不敢放手，劝说解释示范都没用，而且她恐惧得要哭，好像沙子会把她陷下去一样。

我们虽然知道硬让她玩一会儿就能适应，但我们知道那样她不快乐，会影响她对我们的信任和情感，我们还是决定不勉强她，然后选择了离家不远的一条小河，让她在河边玩水玩泥巴，她一下就玩得很快乐。

总的来说，没有快乐和成就感的学习，就很难产生兴趣，也很难学好，也不可能持之以恒。我们一直没有强迫我的女儿去学习什么，更不给她增加一点儿压力，所以我女儿学习一直是快乐的，也一直是自觉的，学习热情也是高涨的，她愿意学习的东西反而很多，感兴趣的东西也多，学习成绩也一直都不错。所以我要说，培养孩子的学习兴趣，比让孩子学知识更为重要。

第五节　思考是聪明的基础

学霸养成小贴士：学而不思则罔，思而不学则殆。学霸都是善于观察、勤于思考的。让孩子养成探索思考的习惯，遇事先思考，这就是聪明的基础。

孩子学习不仅是认识事物，更主要的是锻炼大脑。科学研究表明，幼儿时期是大脑快速生长发育的时期，也是成熟固化时期，因此，此时对大脑的锻炼显得尤为重要。锻炼得越早，锻炼得越正确，孩子的大脑就会越发达，也越健康，从而就越聪明灵活。

我们知道，身体器官经过锻炼可以提高机能。比如，运动员经过锻炼，身体的某些机能可以超过常人。大脑同样是身体的器官，锻炼当然也会得到大的发展。我可以自信地说，我女儿在学习上的聪明突出，绝大部分是早期学习锻炼的结果。跑跳可以锻炼腿部，拉握投掷可以锻炼手臂，那么大脑怎么锻炼？最好的办法是思考，因为思考是大脑的主要机能，因此我们也应该用思考去锻炼大脑。

女儿出生后我就发声来逗她，现在想来，其实也是在让她思考，因为她听到声音，肯定觉得很新鲜，肯定有个思考的过程，她盯着我，就是在思考。后来教她看图和辨识事物，更是在锻炼她的思维。再后来更多是给她讲故事，故事不仅能让孩子思考，也能把她带入一个神秘神奇的世界，这个神奇的世界当然会极大地刺激她的大脑，让她思考、让她想象、让她探求。这样一步步按照孩子的成长和思维规律培养下来，孩子当然就变得聪明一些。

对孩子智力的问题，我们再做一些具体的讨论。有人说智力是天生的，我不否认天生的成分，但天生的成分有多少，我觉得比例不会太大。如果用狼孩的例子分析，孩子生下来智力肯定不会差到狼的那种程度，之所以成为狼孩，关键是没有及时获得人的教育。也就是说，人如果生下来不给予人的教育，就不会成为人。

现在许多家长给孩子选择好的学校，当然也是想让孩子受到好的教育。但依我的经验和观察，孩子智力形成的最关键时期是在幼儿期，这时如果教育得当，养成肯动脑筋的习惯，孩子的智力就会得到飞快的发展。

如果你仔细观察，就会发现孩子之间对周围事物的反应是有差别的。有的孩子对周围环境十分敏感，到一个陌生地方，总是先睁大眼睛沉默地观察思考，而且会表现出害怕的样子。而有的孩子则不然，不管到什么地方，不管环境如何变化，仍然不管不顾按自己的想法乱跑乱玩，丝毫没有什么害怕和不适，更没有一点儿顾虑和担心。

一般来说，对周围环境比较敏感的孩子，面对陌生的事物，面对头脑中没有的东西，他会进行一个认识思考和对比，如果认识思考不出个所以然，就感到陌生害怕，就会本能地考虑会不会伤害到自己，从而会表现出谨慎的样子，也会慢慢试探摸索。而对周围环境不关注、不思考的孩子，自然不会有陌生感，当然也不会害怕。

有人说这种差异也是天生的。我也不否认有天生的成分和差异，但我更认为是培养教育的结果，因为孩子出生后大脑是发育最弱的一个器官，也是发展空间最大的一个器官，此时孩子的大脑犹如一张白纸，给予什么样的教育他就会成为什么样的人。因此从小对孩子给予不同的培养方式，就会有不同的效果。有意识地培养孩子对周围环境的关注，培养孩子对一切事物产生兴趣并思考，孩子就会有这方面的能力。

我女儿会爬时，每当她爬到床边，我们就告诉她会掉下来，然后做出掉下来的动作并弄出惊人的响声，而且表现出很疼很痛苦的样子。这当然还不够，我也会故意把她抱到床边，让她看清这个高度，让她半个身子吊到那里害怕并很不舒服，然后让她退回去。这样几次，她每次爬到床边就会停下，脑子里就会有教育她时的情景，她就会往下看一阵，然后会想到我表演的那些情景，就害怕地退回去。因此，我的女儿从没因不懂而从高处掉下过。

为了不让她乱抓东西，我们把一个煮熟的热鸡蛋放到她面前，她用手抓，感到烫就缩了回去。我们把热鸡蛋换成小茶叶盒，她仍然害怕不敢抓，我们就把她的手拉过来让她抓，她发现并不烫，就抓在手里。下一次我们再换成热鸡蛋，她看一下又抓，烫一下又缩回去。再换成茶叶盒，她试探一下又不敢抓。我们反复这样做几次，她就思考辨认清楚了，看一下是热鸡蛋就不再伸手，看一下是茶叶盒就敢拿。

这样的教育让她慢慢懂得辨认和试探，给她陌生的东西，她总是要试探着摸一下才拿。孩子养成辨认思考的习惯，遇事就会本能地思考，这样不仅锻炼了大脑，也锻炼了认识事物的能力，当然也丰富了知识，进而知道任何事物都不是简单的，也不是静止的，是有变化和发展过程的，这样孩子看到事物，就会联想事物的过程和变化，就不会简单地不管不顾，也不会遇事不想就贸然去做。

长此以往，孩子就有了思考的习惯和能力，大脑也会锻炼成勤思考的大脑，遇事就会本能地先思考。这样的思考锻炼，也会让大脑越来越发达，思考能力也会越来越强，孩子也会越来越聪明。

想让孩子有一个勤思考的头脑，就要让孩子多提问题，也要给孩子多设问题。但我们的传统教育多是家长式的，家长就是家长，家长什么都知道，孩子什么都得听家长的，什么都要家长说了算，家长的权威感也很强，遇到事情，家长立即会告诉孩子怎么去做，遇到问题，家长也会马上说出办法，丝毫不给孩子自己思考的余地，也没有意识到让孩子自己去思考，更别说培养智力了。这样的教育习惯严重地影响了孩子的思考能力和创造能力。我们的创新创造能力不足，和我们这样的教育方式有很大的关系。

在关于培养孩子的演讲中，我总要讲这个问题：太强势、太专断的家长教育不好孩子，更教育不出聪明的孩子，只能培养出木偶。而民主谦和的父母，他们的孩子才能有主见、有担当、早当家。大部分人都赞同我这个观点，也认可在教育中放手放权，让孩子自己动脑动手这个道理。

前面说过我给女儿讲故事，女儿也爱听故事。现在想来，讲故事绝对不单单是讲故事，让她满脑子故事，也就会有满脑子问题，同时也会有满脑子未知和好奇，她就会自然而然地去思考想象这些问题，自己思考不明白，就会问别人。孩子有了这样的习惯，学习当然不成问题，智力和聪明程度也会持续提高。因为聪明与否主要取决于占有知识的多寡。知识多了，脑子里可调动的东西就多，当然就聪明；而经常用脑思考，那就是在锻炼大脑，大脑发达敏捷了，当然就更加聪明。

这样的道理在实际生活中也会表现出来。爱思考的孩子，就会显得比同龄孩子成熟一些，心理年龄也会大一些，因为人的心理活动和思维情况主要不是取决于年龄的大小，而是取决于大脑的发育情况，具体地说就是实践和思考认知的程度，比如一个人一生见识和思考的东西很少，他的心理年龄就要比实际年龄更小。相反，如果一个人见多识广，也思考了许多问题，他的心理年龄就会比实际年龄大一些。

女儿进幼儿园时年龄最小，但人们都觉得她比实际年龄大，心智也比实际年龄成熟，而且她也喜欢和大一点儿的孩子玩耍。外孙女也是如此，去幼儿园时比别的孩子矮一头。不久他们在一起合唱，我外孙女在正中间，唱歌时她的动作表情都十分认真到位，而大多数孩子却交头接耳、打打闹闹，甚至不唱，动作就做得更随意和不准确，脸上的表情也很幼稚，整体显得一片混乱。我也怀疑是不是别的孩子年龄也小但生长发育快，便问女儿，女儿说别的孩子都比她大一岁左右，幼儿园是按年龄大小收费，多小的都要。

还有两件事更能说明问题。女儿第一天送外孙女到幼儿园，告诉她下午妈妈就来接她，于是她就坐在那里不动，老师让换地方她就哭。一连两天都是这样，老师便告诉了我女儿，女儿问她为什么，她说换了地方怕妈妈找不到她。如果是不思考的孩子，她等不到妈妈当然是哭，而她却思考的是怕自己离开后妈妈找不到她。

另一件事是幼儿园的一个孩子常打外孙女，女儿就告诉她，如果这个孩子再到她面前，就把他推开。第二天女儿不放心，又问她，她自豪地说他们已经成为好朋友了。女儿问怎么成为好朋友的，她说她告诉那个孩子他们要做好朋友，好朋友就要好好在一起玩，不能打架，也不能欺负人。女儿告诉我这些时，我很为两岁多的外孙女高兴，也很惊奇，但我仔细分析，外孙女的这些话和做法，虽然很可能是从动画片和故事书里学来的，但她自己的思考也起了决定作用，而且这样联系实际的思考，其智力真的让人吃惊。

培养孩子遇事思考，也是让孩子对知识和事物产生兴趣的最好办法，因为孩子思考，就是对事物深入认识，而认识的过程，也是兴趣产生的过程。

如果我们想让孩子对花产生美好的感觉和兴趣，就要将孩子抱到花前，父母首先要慢慢地闻，做出陶醉的样子，然后再让孩子慢慢地闻，慢慢地摸，让孩子也充分感受到花的芳香和柔软细腻，也让孩子感受到父母对花的兴趣和喜欢。这样孩子就会模仿，以后遇到花，就会有一个细致感知认识的记忆，就会也对花做一些细致的观察认识，产生一些认知和思考，有一个新的感受。即使感受没有多么深刻，孩子也不会对花视而不见，或者对花简单粗暴。这个过程，就是让孩子充分认识和思考的过程，也是认识从感性到理性的过程。

遇到陌生的事物都这样培养孩子，都让他有一个认识思考的过程，孩子就会觉得眼前的花不再那么简单，就会产生一些模仿动作和进一步探索的兴趣。养成探索思考的习惯，遇事就会先思考，进而想弄清楚，这就是聪明的基础。

试想，如果孩子看到花，你不教他认识，也不教他珍惜，孩子就会贸然地一把抓住花，然后把花撕扯掉，丝毫不会有认识和思考的过程，当然也就谈不上聪明。

孩子养成思考的习惯，就会对一切事物都感兴趣，遇事也会深入思考。孩子善于思考，有时会想出让大人意想不到的事情。

女儿大概两岁的时候，有一次我买鸡蛋回来，她帮我把鸡蛋往抽屉里放，突然问我鸡蛋是哪儿来的，我说是从鸡场买来的。女儿问鸡场的蛋是哪儿来的，我说是母鸡下的。女儿又问母鸡是哪儿来的，我说是鸡蛋孵出来的。她一下子不高兴了，大声说蛋是鸡下的，鸡又是蛋孵的，第一只鸡是哪儿来的。

我立即明白了她的意思，是问先有鸡还是先有蛋。她怎么会问这样高深的问题？细想我明白了，因为之前她看过一本母鸡怎么孵小鸡的图画书，书中从母鸡下蛋到小鸡怎么从鸡蛋里出来，图文并茂，讲得很细，我们也做了讲解，她的头脑中已经有了一些思考，因此她才想出这样的问题。

那天我告诉她，这个问题我目前还回答不了，这也是世界难题，需要她长大了去研究。我很高兴地表扬了她，又把这件事告诉了她母亲，我们又一起好好地将她夸奖鼓励了一番。这些表扬和鼓励当然会让她产生荣誉感、自豪感和成就感，也有了更多、更强烈的思考探索的信心。

我记得那天我还讲了一些科学研究的事情，她听得也很有兴趣，也觉得这个世界很是神秘有趣。这些当然会更增强她思考和探索的兴趣。

女儿小学二年级时，暑假去舅舅家，舅舅们割麦子，她跟在后面拾麦穗，中午又跟舅母去马铃薯地里挖马铃薯做饭。晚上写日记，她写的大意是这样：麦穗长在麦秆的顶部，下面什么都没有；而马铃薯又长在下面的土里，上面的秆上什么也没有。为什么不让麦秆上面长麦穗，下面长马铃薯，这样该节省多少土地啊！

我看了这样的想象眼前一亮，我当然要鼓励她的想象力，同时我也没说两头长粮食做不到，而是说将来能办到。我告诉她通过科学研究探索，将来肯定是可以的，而且现在已经能把茄子嫁接到葫芦根上，把大枣嫁接到酸刺苗上，这时女儿又高兴地不断畅想。那天我们一起畅想了许多。

相反，孩子如果没有一个学习和思考的习惯，就会任着自己的性子盲目地玩耍，盲目玩耍的习惯一旦形成，那时再把孩子从已经形成的习惯中拉回来，就有一定的困难。

第六节　孩子可以只是孩子

　　学霸养成小贴士：顺应孩子天性，孩子才能快乐，孩子快乐了，才能主动地向着学霸的方向奋斗。

　　如果你仔细观察一些动物，就会发现食肉动物如小狗小猫，它们会活动时，它们的活动就是相互打斗玩耍。这是它们的天性，也是它们学习的方式。因为它们要想获得食物生存下去，就得学习和练习搏斗捕获的本领。同时这又是一种快乐的学习方式，它们打斗玩耍，确实很快乐。正因为快乐，它们才学得卖力而起劲，本领也越来越大，生命才一代代繁衍延续下去。

　　而那些食草动物，会行走时，它们的玩耍就是奔跑跳跃。这些行为看起来像玩耍，实际上也是在学习逃生的本领，如果它们没有奔跑逃生的本领，它们就会成为食肉动物的食物，物种也延续不下去。

　　大自然就是这么神奇，这些本能的练习，都包含了学习的快乐原则。它们是在学习，也是在玩耍，在玩耍中学，在学习中玩，所以都很乐意学，学习也很快乐，没人强迫它们，它们也学习得很卖力，效果也很好，都达到了学习的目的和要求。

人也如此，孩子一出生，就有玩耍的需要，有玩耍的快乐。孩子在玩耍中学习，学到生存的本领；也在玩耍中得到快乐，实现快乐的需要。因此，培养年幼的孩子学习，就不能强迫命令，也不能施加压力，更不能按成年人的感受和希望来教，教育必须要适应孩子的天性，因势利导，让孩子在玩耍中学习，在学习中玩耍。只有让孩子感觉到学习的快乐，孩子才有学习的兴趣和动力，也才能学会学好，这也是适应天性。

如果孩子感觉到学习不快乐，就会觉得学习是件苦差事，进而就会拒绝学习。父母施加的压力越大，孩子的反抗心理就越重，就越害怕学习，最终形成和父母对立顶牛，产生孩子学什么都不情愿，学什么都没有耐心，学什么都敷衍了事，学什么都叫苦喊累，进而学什么都讨价还价的种种问题，这当然也是天性。因此，让孩子学习，首先不能违背天性，逆天只能是一种愿望，顺应才能事半功倍。

孩子幼小时学习的动力，就是天性，就是本能。孩子举手蹬腿，都是在学习大脑和身体的协调；吮吸手指，那也是在练习吃奶的能力和对食欲的想象。千万不要以成人的心理认为孩子玩手蹬腿就是玩，其实他是在锻炼大脑和神经的协调。

电视报道过一个十几岁的少年被关在屋里七八年后，竟然不能走路，活动一下都得要人抬。因此孩子出生后，不同的养护方式就会有不同的结果。我们老式的方法是孩子一生下来就被严严实实地包裹起来，害怕中风（过去老人说的"四六风"，即新生儿出生后四天或六天会中风死亡，这其实是用未消毒的剪刀剪脐带又用破布包扎导致脐带感染，和风寒无关）。而且为了将头形睡平，就一直让孩子仰睡。到孩子会翻身时，还要用一个装了豆子的压袋将孩子固定住。这当然是违背天性的，也是极端错误的。

这种现象目前在城市里已经少见了，但孩子若在冬天出生，出生后包裹得太多仍是常见的现象，这种行为影响了孩子的活动能力，也影响了孩子大脑和身体的协调练习。我们知道，孩子的体温要比成年人高一些，因此产生的热量也比成年人高，耐寒能力也比成人好，而且一般不会感冒，这些都是人类适应大自然的结果。

在美国，孩子出生后先不清洗，什么都不给穿，就那么放在母亲的肚子上，让孩子仍然感受母亲的体温和心跳，这样就会减少孩子猛然换了环境的不习惯。孩子回到家，也要求穿得比成人少，而且也不让给孩子枕枕头，就让孩子自由地睡和动。

外孙女出生后第四天，将她俯放在沙发上，她就能双手撑胸昂着头坚持很久。十月末的美国西雅图已经有点儿冷，但也只给孩子穿单层的婴儿衣服，睡觉时盖个单层被，她醒来也不给她盖东西，而是让她自由地玩手不停地蹬腿。不要小看这些，这就是婴儿身体成长的本能锻炼学习，穿得太多或者盖得太严，就会影响婴儿的这种本能练习。

外孙女三个月时，女儿就在一侧引逗她翻身。视频显示孩子一次次弓腿侧身努力向一侧翻，动作是对的，但一连十几下都翻不过去，这时女儿轻轻辅助一下就成功了。翻身成功的孩子瞬间一脸吃惊，然后就笑。再将她放平睡，她就更加积极地不停地翻，终于又翻了过来。

外孙女五个月回国时，已经能自己坐立，而同样大的亲戚的一个孩子，还被紧紧地包裹在被子里，放开后靠着被子都不能坐，这样当然会影响孩子这个阶段的生长发育。也就是说，孩子生下来有一些天性的东西，这是大自然进化的结果，我们不能过多干预，因此，早期的婴儿养护教育要更多地尊重天性，过多的人为干预只能扭曲天性，把事情办坏。

当然孩子的成长也不是完全不需要人为的干涉，人为的引导和教育是必不可少的，因为人是高等动物，人的智慧可以矫正孩子的一些不良天性，可以给孩子一些正确的、人为的、好的东西，从而把孩子引导到正确快速成长的轨道上来。但引导的最重要原则，就是让孩子感到快乐，促使孩子快乐地、主动地去学、去练习。

比如孩子会翻身时，翻过来会把胳膊压在胸下，孩子自己当然拿不出来，我们适当地轻轻扶一下孩子的身子，孩子就会将胳膊拿出来。孩子突然能自己翻过来，当然感到新奇和舒服。再把孩子放平躺，孩子就还想翻过来。我们可以想一下，如果孩子翻过身后，胳膊抽不出来感到不舒服，就很可能不再继续翻身，从而失去把身体锻炼得更好更协调的机会。

女儿家的房子是二层木质小楼，地板上铺了地毯，外孙女能爬行时就到处爬，往往是几个房间都要爬了看一遍才罢休。很快她爬行的本领就变得很强，爬行的速度也很快。这时外孙女就试探着自己爬楼梯，女儿也学她，和她一起爬，爬的同时不断地引导，也有比赛的味道，很快外孙女就学会了爬楼梯，也很快学会了向后退着下楼梯，这让外孙女很高兴，每天都要自己爬上爬下玩。这时外孙女只有六七个月大，这要比书上说的八个月以后才会爬楼梯早许多。由于到处爬着玩耍，外孙女手臂和腿上的力量就都大一些，七八个月就能抓着婴儿床栏杆站起来，然后开始扶着挪动脚步。

外孙女九个月大时，女儿给她买了个推着能唱又有灯光闪烁的老虎推车，她很快就学会了推着车走，也很快学会了推车拐弯和后退，当然也学会了怎样来平衡身体走路。不到十个月大时，外孙女就能自己走路了。第二年，一岁九个月的外孙女已经能跳蛙跳，而且能连续跳了。她家门外马路上有水泥方格，出门她就要和我们比赛谁跳得远，这样也很快学会了单腿跳。这些都得益于我们正确引导了她的天性，让她的身体比别的孩子更强壮一些，大脑和身体的协调能力更好一些，大脑的思维也肯定要灵敏一些。

女儿住的社区有个公园，公园里的设施大多是为孩子们玩耍设置的。有一个像吊桥那样的设备，桥面由高低宽窄不同的隔板组成，六七岁以上的孩子可以轻松跳跃通过，一岁九个月的外孙女要通过时就有困难。但她想玩，我们就辅导她玩，间隔宽，她伸腿够不着，就让她坐下抓住护栏，半躺着伸腿够着，然后抓着护栏起身往前迈腿。有的间隔很高，就让她用手抓着爬上去，然后再站立通过。

桥有十几米长，练习过几遍之后，外孙女就自己动脑筋想新办法通过，因此每次通过，外孙女都高兴得拍手。每天下午我们带她去玩，她都要爬这个悬空横梯，而且兴趣一直很浓。

而另一个稍大一点儿的男孩子却不考虑过桥的技巧，上去就跑，当然是掉了下来，然后就对这个没了兴趣，父母抱上去自己也要下来。男孩子的父亲就抱怨他的孩子不动脑子、不懂得技术。我告诉他这是长期锻炼的结果，也是手脑协调和谐的结果，如果手脑协调不好，你即使教孩子怎么做，但孩子没有这个能力就做不好，孩子就会没有兴趣，长此以往，当然会影响孩子以后的学习。

符合孩子天性的学习，就是快乐的学习，不快乐孩子就不想学。

我前面说过，我的女儿从婴儿时期开始看图认事物，一直都是在玩耍中学习，都是在快乐中学习，都是适应她天性的学习。

人是大自然的产物，喜欢大自然也是人的天性。女儿会走路、能认识更多的事物后，我们就在天性的基础上引导她，带她到校园里到处走，让她看花看草看天气，而且她每关注一个事物，就给她讲解这个事物的有关知识，让她对看到的、关注的事物有更大的兴趣，玩的兴致也更高，也更愿意出去玩。

回到家，无论是看图画书还是讲故事书，都要边做动作玩耍边有趣地讲解，让她在欢声笑语中模仿、学习、记忆。晚上睡觉，她要求讲故事，就让她在喜欢的故事中入睡。总之，我们和绝大多数父母一样，总是想让她的每一天都快乐充实，也都能学到知识，身体和大脑也都能得到锻炼。因此，她感到快乐，就愿意去做，久而久之，就养成了快乐学习的生活习惯。

随着年龄的增长，这样的生活习惯就更难改变，她也会慢慢摆脱父母意愿而自己去过这样快乐的学习生活。每天自己都在学习中寻找快乐，在快乐中不懈地学习，也在学习中享受成功的快乐。因此，有不少人问我为什么我的女儿学习那么自觉刻苦，我只能简单地告诉他，因为她自己感到快乐，也想从中找到更大的快乐。

苦与乐是相对的，苦和乐也是两种内心的感受，如果在读书学习中找到乐趣，那读书学习就不是苦，而是一种快乐。在现实中，以读书为快乐的孩子也有不少，女儿高中的一位同学就以做数学题为乐趣，每天都要做几十道难题，做不完就不快乐，做完了就很有成就感和快乐满足感。

所以，我们让孩子读书学习，首先要培养孩子读书学习的乐趣和兴趣，要让孩子把读书和学习当成一种快乐，而不是任务和麻烦。如果我们能把孩子培养成把读书当成一种乐趣，当成一种爱好，从而变成一种自觉的行动，变成一种自觉的追求，那么学习对孩子来讲，就不再是一个任务，更不再是一种负担，而是一种快乐的生活。

不读书不学习，就觉得无事可干，就觉得特别空虚。孩子达到这种境界，读书也就成了一种和玩耍一样快乐的事情，即使身体再累，孩子也会感到高兴。也就是说，苦和乐也是一种认识，也是一种自我感受，思想不同追求不同，对快乐的感觉也不同：如果追求知识，看书学习就是最大的快乐；如果追求吃喝玩乐，吃喝玩乐就是最大的快乐。这样来看，培养孩子喜欢读书学习，就必须要首先培养孩子读书学习的快乐感，快乐感的培养，要从小开始，要从天性开始。

去年我女儿发过来一个视频，是他们一家三口在院子里玩捉迷藏。轮到爸爸藏时，爸爸告诉女儿转过身蒙住眼睛，数到三十就可以开始找。然后女儿大声快速数到三十后去找。女儿藏时，也要求爸爸大声数到四十再找。再轮到爸爸藏时，又要女儿数到六十再找，女儿又大声快速数到了六十。就这样在玩中学习，一个三岁半的孩子，不仅能数到一百，而且速度快得我都跟不上。这样的学习当然是快乐的，也是符合天性的，因为寻找猎物和食物是人类最重要的天性，在这样的天性中边玩耍边学习，效果当然是最好的。

陪孩子一起玩，不仅要在玩中学，也要让孩子在玩中动脑思考，培养孩子动脑的能力，因为人类的行为和智慧都是大脑能力的体现，让孩子有一个智慧的大脑，才是培养孩子最主要的目的。也就是说，和孩子玩耍时，也不能由着孩子性子去玩耍，这样会让孩子养成不知动脑筋、不知有规则技巧、任意胡玩的习惯，也会让孩子养成贪玩的习惯。这种习惯一旦养成了，孩子遇事就不会动脑筋思考，起不到学习知识的作用，更起不到锻炼大脑的作用。

正确的方法应该是面对一个新的玩具或事物，首先家长要陪着玩多讲解，要既当老师又当玩伴，而且是在玩中教、教中玩。但如果孩子兴趣大，孩子在创造性地玩，这时就要听从孩子的，孩子让我们装扮什么，我们就装扮什么，让我们怎么玩，只要孩子是在创造，又没有坏作用，我们就按孩子的意思玩，让孩子指挥我们，这样就能充分发挥孩子的想象力和创造力，同时也让孩子更有玩的乐趣，也有指挥别人玩的自豪感和成就感，这样孩子才愿意和家长玩，也才更听家长的话。

当孩子有了一定的认知能力，有了一定的精神动力，也养成了一定的学习习惯，孩子才能渐渐摆脱玩耍的乐趣而超越动物的本能，才能有目的地认识事物，丰富知识，进而探求世界，把学习和探求当成需要和乐趣，当成精神的支柱。

但值得注意的是，目前孩子的学习压力大，压力来自家庭外部，也来自家庭内部，在双重压力下，父母恨不能拔苗助长，因此许多孩子的学习就显得越来越沉重，越来越有了悲壮的色彩，也越来越有了各种痛苦，从而有了苦学、苦读、苦拼，甚至有了"头悬梁，锥刺股"这样的事情。这当然是违背天性的，也是家长和孩子都不愿意看到的。

怎么办？办法当然还是有的。我觉得应该从这三个方面去考虑：一是家长要尊重自然规律，按自然规律办事，按孩子的天性来，孩子幼小时，不要给孩子施加压力，压力只能让幼小的孩子害怕畏惧，甚至养成害怕学习的习惯。

二是从小培养孩子的学习兴趣，让孩子在玩中学，这样学习效果好，看似玩，实际已经学到了很多，孩子有了学习的兴趣，以后就好办得多。

三是孩子大一点儿后，要多给孩子自主权，要允许孩子学他感兴趣的东西。孩子有兴趣学习，多苦也觉得不苦，而且孩子也会自己调节，学习累了，就干一些他喜欢的既能玩耍又能休息的事情，比如体育活动，音乐、电视等娱乐活动，或者做一些手工，甚至打一会儿游戏也不是不可以。

总之，孩子快乐了，学习也就有劲头了，多苦也不觉得苦了，学习效果也好了。

一般来说，孩子幼小时学习的动力是快乐，因为这时的孩子还没有太多的理智。如果家长对孩子有过多主观的干预，有过高的要求，孩子的学习就会过多地带有了家长的意思和意志，孩子自己的事就变成了家长的事，这样就导致了玩和学的截然分离。快乐学习变成了指令性学习，变成了任务性学习。一旦孩子把学习当成了任务，学习也从此就由"我要学"变成了"要我学"，自觉的、符合天性的学习行为也变成了被迫的行为，孩子的主动学习也就变成了被动学习。

别小看学、玩分离这个变化，这是学习的本质变化。孩子在玩中主动学，学习是快乐的，也是自愿的，积极性是高涨的，学习的办法大多是自己想、自己琢磨出来的，学习是不会厌倦的，遇到难题不会是苦恼的，学习的阻力也会化作动力，多少困难也会自己想办法克服。

而被迫学习或者被动学习，学习就成了父母要求学，学习是给父母学，学习也是完成父母布置的任务，布置多少就完成多少，能快就快，能省就省，能偷懒就偷懒，因而没有了主动性和自觉性，少了乐趣和探索精神，也少了积极动脑、弄清弄懂的动力。如果家长进一步逼迫孩子学习，孩子就会反感学习，然后本能地对抗应付，严重时会形成顶牛对着干的局面，这样不仅无法完成对孩子的教育，也会毁掉孩子的一生。

有人说，人的潜力是很大的，给孩子施加极限的教育，孩子就能达到极限的水平。这方面的例子当然也不少，某些竞技体育运动，那些超强大脑、超强能力的培养等，大多是从小就经过极限培养。在教育方面也有极限的例子，比如火极一时的虎妈狼爸教育。

但我要说的是，这些教育对绝大多数人来说是做不到的，也肯定是无效的，因为出于本能，绝大多数孩子是会反抗的，越施压反抗越激烈。从我见到的例子看，施压打骂的家庭，大多整天都吵吵闹闹，也很少能教育出学习好的孩子，教育出性格好的孩子更不可能。而那些和睦而尊重孩子兴趣的家庭，孩子的学习多数不会差，至少孩子的性格不会差。我们大多数人都是普通人，我们绝大多数人的孩子也要做普通的孩子，因此我们培养孩子还是要着眼于全面，不能一开始就把孩子当成特殊的人来培养，也不能一开始就把目标定得很高。如果这样，不但成功的可能性不大，往往还会扭曲孩子的性格。

女儿小学时我也让她去学钢琴，学绘画，但学前就给她讲清楚，不要有压力，就是业余爱好，喜欢她就弹她就画，不喜欢就干别的。她这样轻松地学了一阵，老师都说她学得好，悟性也高。钢琴老师要女儿去考级，绘画老师也要给女儿另请名师深造。我当时虽然也觉得女儿学得不错，但我还是征求女儿的意见，女儿说她喜欢文学，别的不太喜欢。

我理解了女儿，她是普通的孩子，她不可能把什么都学好，因此就只让她学了点儿这方面的基础知识，也只丰富了一下她的生活就作罢。现在看来我们这样做也是对的，如果让她什么都学，什么都想比别人好，她很可能什么都学不精，什么都一知半解，最后反而没有精通一门的本领，甚至一辈子一事无成。

第七节　多鼓励，不放纵

　　学霸养成小贴士：鼓励教育是最好的教育，它能点燃孩子心中的那团火，激励孩子向上的决心，让孩子自发地学习和进步。

　　鼓励教育就是鼓励孩子去做，也是肯定孩子的行为，孩子一旦做好了，就应该给予肯定和鼓励。这就要求父母要带着一颗爱心去看孩子，带着欣赏和喜悦去看孩子，带着教育的目的去看孩子。

　　孩子的行为被鼓励，被肯定，孩子就会有足够的信心去做，会有更多的兴趣去做，也会觉得必须继续做下去，而且要做好，做不好对不起鼓励他的人。事情一旦做好了，孩子自己会有一种成就感，就有了做得更好的愿望，下次就会想着做得更好。

　　这样不断鼓励下去，孩子就会一直努力下去，做事时也会充满信心，有时即使有点儿不情愿，但为了荣誉，为了父母的赏识，孩子也会克制住自己的不情愿而努力去做。因此，教育孩子不只是给孩子一些知识，更重要的是给孩子点燃一把火。

　　教女儿学说话时，只要她张嘴发声，我就高兴地拍手而且逗她开心地笑，我们一起笑过后，再教她，她就会更认真地学，然后我再鼓励她，逗她开心。当然，我的高兴开心都是发自内心的，连朋友都说我像个孩子，其实我这样一方面是在教育孩子，但更多的是我也在享受教育成果的幸福，当然这也是我最好的休息娱乐方式。

孩子再大一点儿，我们教她认字和认识事物，说对了或者努力学了，我们就很高兴地拍手鼓励，她也很开心地跟着我们拍手，然后继续学。即使我们不拍手，她说完或者做完后自己也会开心地拍手鼓励。

现在女儿做得比我更好。她教育她的女儿时，边拍手边说"好棒"，"好棒"几乎成了她教孩子的口头禅。她女儿一岁四五个月时来我这里，孩子自己已经把拍手鼓励当成了下意识的动作，而且每做完一件事就会边拍手边自己喊"好棒"。这样一来，本来很胆小的外孙女，只要大人要她做什么事，她即使害怕也会战战兢兢努力去做，做完就兴奋地拍手叫好。

外孙女一岁半的时候，她爸爸给她买了一个塑料滑梯。因为塑料滑梯太陡，孩子滑下来屁股着地时，由于惯性太大，孩子身体后仰，后脑勺就猛地磕在滑梯上。孩子本来要哭，但父母一起拍手叫好鼓励，孩子也一下忍住哭跟着拍手。这时她母亲又鼓励她再滑一次，她虽然很害怕，但还是战战兢兢又爬上去，然后自己给自己壮胆，又拍手又叫好。

女儿给孩子买了许多需要动脑筋的拼图等智力玩具。在让孩子玩这些玩具时，女儿总是先弄清楚这些玩具的原理和要培养孩子哪些方面的能力，然后想好怎么指点孩子玩，怎么让孩子思考。在给孩子示范几遍后，就让孩子动脑筋自己玩自己做。孩子做对了，就鼓掌鼓励，或者将孩子抱起来亲吻夸奖。即使孩子做得很差，也决不表现出半点儿不高兴，更不说打击孩子积极性的话，甚至连"错了"这样的话都不轻易说，而是耐心地指导怎么做，做对了，就热烈地鼓励。

外孙女一岁八个月时，每天都要骄傲地给我们表演她学到的本领，她也确实学会了很多，在拼图方面我们已经远不如她。

女儿一年级开始跟美术老师学习绘画，因为是一个混合班，有的孩子已经学习了几年，而且别的孩子都比她大，老师又不是一对一从最基础教起，女儿一下子感到很难，那些临摹写生她根本就不知该怎么办。

女儿虽然着急，但她的自尊心又不允许她退缩。有一天回来后，女儿愁眉苦脸地问我能不能教她。我虽然只知道点儿皮毛，但我学习后可以教她一些基础的东西，而且我还可以鼓励她，告诉她不论学什么，一开始都觉得难，慢慢学会了就不难了。然后我去书店买了绘画初级教本，从基础的线条构图教起。

经过一段时间的学习，女儿基本能跟上班里的同学了，这时女儿当然很高兴，每天从绘画班回来，进门就拿出画的练习作品，然后问我画得怎么样。我每次都认真看一番，先说画得很好，再说哪里可以改进，哪里可以怎么画。然后我会很高兴地、认认真真地把她的练习作品贴在墙上，把那面墙贴满后，我再把旧的拿下来，把新的贴上去。这样的鼓励让我女儿学习绘画的积极性一天比一天高，进步也很快。后来画得稍好一些，我就到书画市场把她的画裱好装框，然后挂在家里。再后来我把那些名人的字画也取下来，换成女儿自己画的。

几年后，他们的美术老师说她有绘画的天赋，要我送到专业水平更高的美术老师那里去进行专业的学习。但我不打算让女儿将来专业学习美术，让她去上美术班，也只是为了让她初步学习一点儿美术知识和审美，所以就没有去，也没再继续学习。但我女儿的那些美术作品我一直就挂在那里，闲暇时我也站在前面欣赏一下，因为我站在女儿的作品前，感觉要比欣赏那些世界名画还要愉快。

有一次，一位画家朋友来，我让他评价一下墙上挂的画，他只说像个孩子画的。我知道这是真心话，也是女儿绘画的真实水准，但我还是没把这些绘画取下来，因为在我的眼里，女儿的作品里浸透了她的智慧和辛劳，也是我鼓励教育的成果。

作为父亲，我心里有一种独特的感觉，也有一种特别的美好期待。我把作品挂在墙上，就是鼓励女儿好好学习，就是肯定女儿的聪明才智，就是让女儿有足够的学习信心，也让女儿感受到我的欣赏和喜悦，感受到我对她的重视、期待、倚重和喜爱。我一直这么挂着，就是在一直鼓励着她。其间虽然搬了几次家，但不管新家怎么布置，我都会把女儿的作品挂在最醒目的地方，以至不知底细的人来，还以为是哪个名家的字画呢。

女儿在我们的鼓励下一直很优秀，小学、中学期间得过许多奖励，有团中央少工委"手拉手好少年"奖章，有区级"三好学生"荣誉称号，当然也有更多的学校奖和班级奖，还有儿童节运动会竞赛奖。不论什么奖，我都很珍重地保存，能张贴在家里的我就张贴，贴不下的我就锁进抽屉，和家里最值钱的证券、票据、首饰放在同一个盒子里。每次打开盒子，看到女儿的这些获奖证书，我们心里就暖意融融，就想更加努力地培养好孩子。而孩子看到此情此景，也会受鼓舞，更加努力向上。

我当然也把这种鼓励教育用在了我的教学工作中。我们学校降分招收预科班，他们的基础知识相对要弱一些，不少人学习的热情也不太高，上课时纪律也要差一点儿。但我觉得我有办法。我的信心来源于这样的判断：在学校许多人都不会高看他们，他们平日受到的批评很多，得到的鼓励和赞扬很少，而鼓励和赞扬正是他们最需要的，也是我可以发挥的。因此我主动承担预科班的教学工作。在教学中，我看到他们的进步就鼓励，积极回答问题我也鼓励，如果回答得好或者作业做得好，我就举出好的地方大力赞扬。同时我也多讲那些努力学习的励志故事，来鼓励他们也努力学习。

我的鼓励很快就见到了效果，不仅学生学习的积极性有了大的提高，课堂纪律也有了改变，大多数学生愿意跟着我学，至少是对我教的这门课程有了一定的学习兴趣。因此在学校网上评教时，许多学生评价说我的鼓励增强了他们的信心。

前不久有一位毕业生给我发微信，说她当时本来没打算努力学习，是我表扬了她的一篇作文，让她受到了很大的鼓舞，从此努力学习，也读了许多书，本科毕业时考上了研究生。

我知道许多家长很爱自己的孩子，老话也说孩子都是自己的好。但随着孩子的长大，孩子有了自己的思想，孩子的一些想法和行为也和家长不一致，这样逐渐会让家长产生不愉快，于是家长总会以自己的想法去要求孩子、纠正孩子，而孩子又不愿意接受，这样就会让矛盾进一步加深，家长就会认为孩子不听话，慢慢也会不满意，慢慢会将不满意变成"恨铁不成钢"，甚至变成恼火和怨恨。这样鼓励的心情就会减弱，然后不知不觉中鼓励变少，指令和责备变多，同时信任也变少，监管却变多，鼓励教育变成了指令教育、责成教育或者挖苦讽刺教育。

这样的结果只能使孩子产生更大的不满和对抗心理，甚至发展成不管家长说得对不对，孩子本能地先不满，然后对抗顶撞，无缘无故产生矛盾。时间长了，家长灰心，孩子也会破罐破摔。

我在电视里就看到过一个教育学副教授教育孩子的纪录片。他鄙视学校教育，认为自己要比学校的那些老师高明，也认为目前学校的教育是一种很糟糕的教育，于是他按照他想象的方式来培养他的儿子，而孩子又向往别的孩子在学校的教育，同时也不认可父亲强加给他的教育，于是父子矛盾重重。后来孩子进入社会后到处碰壁，父子矛盾进一步加深，最后这位父亲不得不感叹，说儿子和父亲天生就是一对冤家，然后还写了一本莫名其妙的教子书，为自己的失败开脱。

其实这是一个家长式独裁教育的悲剧，他以教育专家加家长的身份高高在上，把孩子当成了木偶和装东西的容器，一切按他的想法去做去装。不客气地说，这样的教育方法驯兽还勉强可以，教育人当然不行。因为我们虽然是家长，但不是孩子的大脑，也代替不了孩子，孩子的事还得孩子自己去做，而且是真心实意地自己想去做、乐意去做，一切才能做好。

因此这就需要以孩子为出发点，鼓励孩子去做，因为人既有生理需求也有精神需求，而荣誉感是人很重要的精神需求。孩子有这样的精神需求，我们当然要积极地去做、去引导、去保护。

我的女儿基本是在鼓励中成长的，特别是当着女儿的面，特别是在人多的场合。比如，别人说我的女儿听话，我就立即肯定，然后举几个她听话的例子证明她确实很听话。别人说我的女儿学习好，我也立即肯定，然后说她如何努力学习，如何自觉学习，学习成绩有多好。别人说我女儿长得漂亮，我也肯定，说她取了我和她妈妈的长处。这样我的女儿就会信心满满。

更重要的是，我这样把她夸赞到一个高度，她就没理由轻易自己溜下来，她就会始终自觉保持一个高度，而且会更加努力，更加约束自己，当然也不会去做坏事。我自认为女儿一直努力到今天，和我的鼓励教育密不可分。

但有些家长却喜欢揭孩子的短，在外人面前说孩子的坏话，甚至挖苦讽刺孩子。这当然是很坏的教育，这也是在鼓励孩子往坏学，至少是会让孩子好坏不分，好坏都无所谓，反正都得不到肯定，学好学坏也一个样子。如果长期在这种教育下长大，孩子的毛病会很多，也会毁掉孩子的一生。要知道荣誉感是人重要的精神需求，没有荣誉，孩子拿什么去努力？如果靠恨靠赌气发奋争气，很难想象孩子能心理健全一直努力向上。

鼓励当然也不是万能的，有些事情即使鼓励孩子也不愿意去做，那就需要我们平等地和孩子交流，平等地讨论，而且要站在孩子的角度考虑问题，把事情讲清了、讲通了，孩子明白了道理，如果没有特殊情况，孩子都会愿意去做。但如果孩子仍然不愿意去做，那就要考虑孩子是不是有其他方面的问题，就要学会放弃，因为不是所有的事情孩子都能做到，也不是人家的孩子能做到的，自己的孩子也能做到。

因此，鼓励也不能盲目拔高，孩子能够做到的事情可以鼓励孩子去做，做不到或者难度很大的事情，就不要勉强鼓励孩子去做，因为勉强鼓励孩子去做，孩子压力大，努力也做不好，孩子就会失去信心，会对父母产生不满，也不再会相信鼓励。孩子会消极怠工，父母会失去耐心，真诚的鼓励会变成虚假的演戏，孩子也会更加反感，让鼓励走向反面。

鼓励教育可以是随时随地的。我女儿一岁多时，早餐吃荷包蛋，我问她一人吃一个荷包蛋，三个人一共吃几个，她就对着碗里的荷包蛋数数。女儿有这样的思维，有数字对应实物的认识，我们当然很高兴，满心欢喜，给女儿鼓励。她当然也很高兴，很有成就感，而且要求继续算，于是我们就循序渐进再给她出类似的题。此后只要吃饭，她就让我们给她出"难题"，这正是我们教她学习的好契机，我们就利用碗、筷子、椅子、手指头教她算术。

这种状况持续了好长一段时间，我们教会了她许多简单的数学运算法则和道理，增加了她算数的信心和乐趣，这也为她后来的数学学习打了些基础、开了个好头，让她觉得数学不是空洞的，充满了乐趣，数学也是很容易学的学问。

鼓励可以让孩子自信满满，也可以让孩子很有自尊。自信是孩子不断进步的基础，自尊可以让孩子不甘落后。当把孩子鼓励成自我感觉优秀的孩子时，他就会有一种优秀感，会有一种成就感，就会有更进一步追求的需要，也就会更加自律和努力。

当孩子有了这种优秀的感觉，那么孩子的教育就有了一个基础和保证，我们只要让孩子保持住这种优秀感，他就不用扬鞭自奋蹄，更会处处争优，处处不甘落后，处处严格要求自己。这样孩子就能真的处处做得很好，也就真的能够得到社会和更多人的鼓励，得到更多人的认可，信心也会进一步增强，人也会有更大的动力，这样就会形成良性循环，使孩子不断地努力，不断保持优秀，不断得到大家的鼓励。

时间久了，孩子就会形成一个优秀的习惯，自己也会把自己放到一个高度，自觉地保持这个高度，更严格地要求自己，把自己当一回事，甚至不把自己当普通的孩子。孩子有了这样的上进心和荣誉感，就会一直努力下去。

但鼓励不是瞎吹捧，更不是看不到孩子的不足，而是看到孩子的不足时，不是无情地打击孩子，也不是抱怨指责孩子，而是耐心地告诉孩子为什么不能这样，为什么成了这个样子，应该怎么去做，为什么要这样去做。帮孩子把教训总结出来，然后不要忘记鼓励孩子，告诉他这次做得不好没关系，失败是成功之母，下次一定能做好，而且能做得很棒。

这样孩子既知道错在了哪里，也不会失去信心，孩子有了总结经验教训的意识，下次当然就会做得好一些，然后为父母真正的鼓励找到依据，重新得到父母的鼓励，重新燃起自己的信心，有继续做好的愿望，从而继续努力做好。

有人会担心一直鼓励孩子，会不会把孩子捧成不知高低、狂妄自大的自恋狂。因为现在的许多孩子不缺少鼓励，爷爷奶奶、父母都会鼓励孩子，不少毛病也是娇惯出来的。其实鼓励教育和溺爱娇惯孩子是两回事，有许多家长的做法是溺爱而不是鼓励。鼓励教育是激励孩子向上的决心，是鼓励孩子不怕困难、勇于向前的意志，是引导孩子努力学习取得成绩，是点燃孩子心中的那团火，而不是迁就孩子纵容孩子，也不是不去努力就能得到鼓励，更不是不切实际的夸大和吹捧。

相反，鼓励更要实事求是，我们说的鼓励，是孩子做对了做好了，就要鼓励，没做好没做成功，也要鼓励，即使是最终没有做成功，也要鼓励这种努力的精神。这和夸大吹捧有本质的区别。夸大是捏造事实，不符合事实。吹捧则是违背事实，脱离事实。这些都和鼓励不是同一回事，也不是同一个目的。

外孙女一岁八个月时，用彩笔在门上乱画，女儿看到后立即制止。她先严厉地讲道理，从雪白的门和墙需要干净整洁讲起，再问乱画后脏不脏，然后让她擦干净。外孙女被她母亲训斥教育时，始终低头不作声，虽然皱着眉头一脸不高兴，但她知错了，让她擦干净时，她立即去找抹布，然后很认真地去擦。她那么小擦起来当然很慢也很费劲，也往往擦不到点子上，但我们谁也不作声，就一直看着让她擦干净了。当外孙女擦干净放好抹布时，我们立即上前抱起她鼓励她，她也一下高兴地笑了。

此后，她虽然每天都用彩笔画画，但都是按要求在给她专门准备的本子上画，再也没有在不让画的地方乱画。值得一提的是，几天后我在一本书上注一个音，外孙女看到后立即制止，说她妈妈说了，不能在书上乱写。外孙女两岁八个月时，俨然成了半个管家，我和她姥姥在她家做家务时，许多事情她都会告诉我们怎么去做，有时我们没按他们家的习惯做，外孙女会立即告诉我们不能那么做。

鼓励不是溺爱，溺爱是无原则的满足和迁就，是无原则、无目的的放纵，甚至孩子自己做了错事，不批评不教育，而是父母替孩子擦屁股改错误。这样做其实是鼓励孩子向错误的方向发展，结果是孩子越来越不守纪律、不知约束，越来越以自我为中心，越来越自高自大，越来越认不清自己。

因此，鼓励教育不是没有批评，当孩子做错事时，必须要指出错误，而且要讲明道理，同时必须要让孩子彻底改正，然后不忘鼓励，不忘告诉孩子以后应该怎么做。但有的孩子要顽皮一些，单纯的批评教育可能起不到作用，这时就需要相应的惩罚。

但惩罚是为了教育，一定要给孩子讲清为什么要惩罚。惩罚后孩子改正了错误，就要对孩子进行鼓励，要告诉孩子谁都会不小心犯错误，但改正了就是个好孩子，今天犯错受惩罚了，爸妈的心里比他更疼，相信他一定能吸取今天的教训，以后不会再犯类似的错误。这就是鼓励教育，也就是说，鼓励教育的大方向和总原则是鼓励，具体的鼓励方法还是要多样，而且是对症下药，按需鼓励，按需批评。

所以说，鼓励教育是有前提的鼓励、实事求是的鼓励，是鼓励孩子真正的成绩，是鼓励孩子做得更好，而不是让孩子盲目自大。

第八节　做出好榜样，培养学霸孩子

　　学霸养成小贴士：好父母才有好孩子，父母的一言一行都会影响和教育孩子，给孩子做学霸榜样，孩子就会正向成长。

　　小的时候听母亲讲故事，说猴子爱学人，人把孩子背在背篓里去河边给孩子洗澡，猴子也会背着小猴子来河边洗。人为了抓住小猴子，就准备了两个背篓，一个背篓有底，一个背篓没底，把没底的背篓放在一边，人给孩子洗完澡用背篓背着孩子回家，猴子也用没底的背篓背小猴子回家，结果小猴子就被漏在了地上而被人捉住。

　　人比猴子聪明，当然也更爱学习别人，而且学习也是一种基因里的生存本能，不尽快学会一些本领无法生存下来。父母是孩子最早接触的人，是孩子最早学习的对象，也是本能地最愿意跟着学的对象，孩子出生后的第一个老师当然就是父母，父母的一言一行，直接影响着孩子的行为和成长，也决定着孩子的性格和未来。但人们往往把孩子从父母那里学来的东西归于遗传，而且有"龙生龙，凤生凤"的说法。

现代科学研究和教育实践证明，遗传是存在的，但后天的教育才是决定的因素。有一个孩子出生后被遗弃，后来被一对外国夫妇从孤儿院领养了，孩子长到十七岁后回国寻找亲生父母，孩子的行为举止以及思维都已经变化，以至与亲生父母陌生隔膜得不敢相认，他们更是从孩子的身上找不到一点儿父母遗传的影子，哪怕连一个下意识的动作都找不到。

这就告诉我们，后天的成长环境和教育，才是形成孩子性格和思想的主要因素，连那些下意识的动作，也是跟着领养父母学的。而且儿时的学习和记忆，会深深地烙入脑海永远无法抹去，就像种子，会深深地扎根发芽，成为孩子的行为习惯，成为孩子一生的性格。

但许多时候，我们往往注重对孩子的说教而忽视父母自身行为的影响。其实父母的行为举止，父母的示范作用，要比讲千遍万遍的道理更为重要，也更为有效。因为说教是空洞的，孩子脑子里不会产生具象，而父母的一言一行，都是具象的示范，孩子可感可知、可模仿可领会，而且会牢牢地印在脑海中，成为自己的一言一行。所以父母处处以身作则，处处注意自己的言行，处处起好的示范带头作用，孩子也就会像父母一样，处处严格要求自己，处处往好学。

另一方面，孩子大一点儿后，孩子对父母的一切不仅会学习，也会有一个自己的判断。如果父母做得不好，或者只说不做，或者说一套做一套，就会在孩子心里产生坏的影响。孩子不仅会反感，也会放松对自己的要求，也会说一套做一套来应付，而且会把父母的教育不当一回事，你说你的，我做我的。

放假后有一些家长会领孩子到操场上跑步，有的家长自己不跑，而是站在那里大声叫喊着让孩子快跑，而且规定让孩子跑多少圈，有的还拿着手机给孩子计时。这时再看孩子，基本是苦着脸，一副不高兴的表情，然后应付奔跑，装出一副很累的样子。当然我们不知道孩子心里怎么想，但我至少不会佩服这样的家长，孩子在家长身上也学不到什么，如果学，也只能学到指手画脚，学到特权思想和懒惰作风。

因此，孩子出生前，父母不仅要做好物质上的准备，更要做好心理上、行为上的准备，要计划好怎么教育好孩子，怎么给孩子做示范做表率，要把孩子培养成什么样的人，而且要制定出一个父母的行为规范，而且内容应该是既广泛又具体，大致应该包括父母怎么做、做什么，在教育孩子的具体事情上怎么分工，父母要改掉哪些不良习惯，父母的言谈举止有什么不好的地方需要改正，哪些事情值得注意小心，在孩子面前要表现出怎样的精神风貌，等等。

因为我和妻子被分配到大学工作，因此我俩对未来充满了信心。妻子怀孕后，就多次和我商量孩子出生后怎么去教育。我当然首先想到的就是做榜样，去掉我们身上不良的嗜好，当一个模范父母，给孩子起表率示范作用，把孩子教育成很好的孩子，至少要比我们好。好在我不吸烟也不喝酒、更不懒惰，除了要我注意语言文明，别的不良嗜好妻子也指不出什么，但我们还是一本正经地制定了一些具体的约束我们自己行为的条条框框。比如，有了孩子以后说话要和气，不说粗话脏话，不在孩子面前争吵，不在孩子面前有不雅的行为举止，不在孩子面前说别人的坏话，不在孩子面前诉苦，不粗暴地对待孩子但又不娇惯孩子，该亲切的时候要和孩子亲切，该严厉时还得严厉，而且在教育孩子时，父母的意见应该统一，一方教育孩子时，另一方不能护着孩子或者当着孩子的面有反对的意见，等等。后来又几次一本正经地商量这些事情。

后来证明有些我们做得好，有些做得不好，但不管怎样，我们都在努力去做，努力在孩子面前表现出好爸爸好妈妈的形象，努力表现出勤奋学习、努力向上的爸爸妈妈的形象，也努力让孩子学习父母、崇拜父母、信赖父母。因为只有孩子崇拜父母、信赖父母，父母说的话孩子才会听，孩子才愿意跟着父母学，也才能学好。

现在回过头来看，首先是我和妻子的勤奋好学影响了孩子。因为我和妻子都是努力奋斗的人，特别是妻子，受家庭的影响很大。谈到小时候的事，妻子说得最多的便是她父亲，在她的记忆里，父亲从来都是抽空睡觉，也就是说对她父亲来讲，晚上并不是睡觉的时间，父亲在晚上只睡三四个小时，半夜就起来干活儿。如果是冬天，就去扫树叶扫枯草，然后背回来喂羊或者烧炕；如果是夏天，便去铲草，天亮别人起床时，父亲已经背回一筐草在打扫院落。

妻子的父亲我没见过，我们结婚的前一年他便积劳成疾去世了，但她的几个哥哥我是熟悉的，在她几个哥哥的身上，我看到了她父亲的影子，其中一个最为典型。

她的这位哥哥白天几乎一刻不闲着，晚上也是只在家睡四五个小时，也是后半夜就起来干活儿。她哥哥除了种地，还做木匠活儿，还养了几十只羊。在地处两大沙漠边缘极度干旱的沙乡，养这么多的羊其艰难可想而知。因此，有草的季节，她哥哥便半夜起来铲草喂羊；在没草的冬季，便半夜起来穿上厚重的羊皮大衣赶着羊去放羊，为了让羊多吃一点儿，往往是半夜赶羊出去，天黑才能回来。我有一次和他开玩笑，说他不需要睡觉。他说其实他也是睡觉的，羊寻找到草吃草时，他便蹲在沟里打个盹儿，看到羊走远，便跟上去再蹲在羊群中打个盹儿。

妻子说他们的勤劳是父亲遗传的，其实这样的说法并不准确，准确的说法应该是他们从小耳濡目染潜移默化地受到教育和影响。她也说过，父亲要求他们兄弟姐妹天亮前必然起床，天亮着人就不能闲着，从而让他们也养成了勤劳的习惯和性格。妻子不论是在家里还是在单位，一刻不闲是她的本能。身高一米六的她，上学时便是校篮球队的主力，到大学工作后，又和那些身材高大的体育教师一起成为校职工篮球队的队员，而且妻子的技术动作要比那些体育教师还好，她的勤奋努力不服输可见一斑。有一次，妻子提着重物在前面走，我跟在后面，有同事便开玩笑说我不像个男人，我只好解嘲说我是在培养劳模，其实是她要抢着干，我没"抢"过她。

我和妻子的学历不高，学习的压力都非常大，我们既要提高学历，又要努力工作，同时我又挤时间写小说。那时我们在很长一段时间内只有一间住屋，一间屋子最宽敞的地方就是床，唯一的一张桌子也靠床摆着，上面还要放许多东西，我们当然也只能在床上或者桌子上学习。因此在女儿的眼里，我们大人每天要干的事就是看书或者趴在桌子上写东西，而且在她看来这些东西也最为重要，也是每天的生活内容。

女儿一岁多的时候，有一天我回来，发现女儿把我三百字一张的稿纸的每一格都用钢笔涂得满满当当，而且涂得那么认真，每一笔都不出格，一个空格不漏，每个空格至少都有弯弯曲曲的十几笔，每一笔画又都是那么细小，那么仔细。也许在她看来，我整天趴在那里写东西，就是要把稿纸的空格画满画黑。那时女儿由我父亲带着，以后父亲多次抱怨说孩子看到稿纸就要画，一画就是一两个小时，画不满不离开。我当然意识到这是我影响的结果，而且隐隐约约地觉得这个结果会让她喜欢上学习和写作。

后来我们给女儿买来图片和图画书，不教她时，她也常常一个人看书。很快女儿就特别喜爱书，给她一本书，她就一个人坐在那里认真地翻看，一遍一遍地翻，虽然只是翻书，但样子就像我们读书，而且拿书的样子也很像我们。有一次，她不小心将书翻破了一页，就吓得大哭。女儿不满一岁时，我父亲便每天给她读图画书，几个月后她就能看图背诵上面的文字。后来女儿嗜书如命，都是从小耳濡目染的结果。

我们的勤奋刻苦，确实彻底影响了女儿，我的女儿从幼儿园到中学，不论哪方面都很努力，都要不甘人后，也要追求完美。这里我还是要用事实说话。

因为女儿本科和硕士都在北大中文系，到美国后不大好找工作，于是她决定学习法律，考美国的法律博士。这当然是一个艰难的任务，因为法律博士在美国本身就难考，她又要用英语和人家一起考，而且考题不仅要涉及许多案例分析，还要涉及许多社会知识和哲学思想，但她努力学习一年多就考上了，其间还生了孩子又一个人带孩子，这要付出多大的努力可想而知。

认识她的人都说她厉害，因为学中文的去了美国，一般只能考上经济学专业或者管理学专业。而她不仅考上了既难考学费又高的法律专业，而且成绩优秀。她还拿到了两万五千美元的奖学金，否则每年四万五千美元的学费也是沉重的负担。

想想看，她既要自己带孩子，还要每天学习，成绩还要比别人好，这要付出多大的努力才行。但这些她都做到了，也都做好了，已经顺利毕业并拿到了法律博士学位。

女儿的刻苦学习同样影响了她的女儿，她的女儿也好学并且特别喜欢读书，这里我就不再细说，只说几件生活中的琐事来说明父母对孩子的影响。

通过长期的学习，女儿养成了依赖书本刨根问底的习惯，生活中的一些事，她都喜欢查找书本从而找到根据，这些都潜移默化地影响了她的女儿。我外孙女玩玩具时遇到问题，立即就要父母查看说明书上介绍怎么玩。做手工时，遇到不会的也要上网看一看怎么做。就连吃一些买来的食物，也会说看看说明有没有问题。她爸爸穿袜子时要把裤脚挽起来，她就学得比她爸爸更夸张，穿袜子时将裤脚挽到膝盖上，我们多次说没必要这样，她穿袜子时还是下意识挽起裤子。

记得电视台有一个儿童节目，主持人问一个三四岁的孩子，爸爸叫什么名字，孩子脱口说叫"老公"，主持人又问妈妈叫什么名字，孩子又脱口说叫"亲爱的"。很显然，孩子的父母平日就这样称呼彼此，让孩子误以为父母就叫这名字。因此，父母在为人父母前，就要先约束自己，要制定一些"清规戒律"，让孩子从小就模仿学习一些好的东西，这样才有利于孩子今后的成长。

父母不能忽视日常生活细节对孩子的影响。父母如果勤劳朴实，孩子也会以勤劳朴实为美；父母如果过于讲究吃穿，过分地注重自己的外表打扮，孩子也会跟着学会这些。我的妻子一直都很忙，而且妻子一直比较简朴，也没时间去化妆打扮，所以我的女儿也一直很忙碌，对化妆打扮没有兴趣，也不追求那些奢侈的东西。

至于我，除了看书学习写作，也没有时间去做别的什么，所以我的女儿也受到了我们的影响，回到家就想看书看电视，别的事情也很少去想，更不会想那些奢侈的东西和不良的嗜好。这些影响，就使我女儿形成了一些基本性格和基本思想。

但不要以为我女儿生活得清苦单调，学习知识是她最大的爱好和乐趣，知识让她的生活充实而快乐，也让她自信而自豪，更让她的判断能力和驾驭生活的能力变得很强，让她把自己和家庭的生活也谋划安排得很好：照着网上的教学视频做饭，她能做出丰盛的一日三餐；安排家务和全家人的生活，也能安排得井井有条、温暖温馨，让一家人都感觉幸福满满。

当然有人会说我们是知识分子，自己的职业就是读书学习，近朱者赤。其实对孩子影响最大的不是职业，而是你心里最重要的东西是什么，你最崇拜什么，你最想要的是什么，你的价值取向是什么。这些东西在你的一言一行中都能体现出来，从而影响到孩子，孩子也会潜移默化地产生同样的观念。

我认识这样一对父母，他们都是不识字的农民，孩子却考上了名牌大学。有一年我去他家，突出的感觉是他家的变化不大，房子也还是过去的房子，但谈起儿子，他立即眉飞色舞一脸自豪，然后领我看他儿子的书屋。

书屋是一间不大的小屋，里面最显眼的，是那张两头带柜子刷满红漆的书桌，上面还整整齐齐地立放着一排书，我看了看，都是高中课本和一些学习参考书。

书桌对着的那面墙上，一张挨一张贴着两排大大小小的奖状，都是儿子上学时获得的，不少已经旧得发黑。靠书桌有一张大木床，床上罩了塑料布，但感觉也是整齐干净、一尘不染。我以为他儿子已经放假回来了，是刚收拾干净的。但他却说不是，然后他用并不是玩笑的语气说："你们读书人都是圣人，都是天上的文曲星，在我眼里，你们就是神，我也当神来供着，没事的时候，我和他妈都喜欢来这个屋子里看看，然后擦擦桌子打扫一下卫生，心里就感觉特别踏实。"

我一下明白他的孩子为什么学习好了，我也感动得差点儿掉下泪来。我知道，在这位父亲的眼里，读书有文化就是神圣的事情，而读书有文化的儿子，在他心目中就是神，他用对神一样的虔诚看待读书、看待教育、看待儿子，教育儿子、照顾儿子、影响儿子，如果儿子不好好读书，学习成绩也不好，那简直就是不可能的。

这就说明，有时父母虽然不能自己读书来影响孩子，但父母把读书当成最神圣的事情，当成最有价值最有意义最值得尊敬的事情，不是停留在口头上，而是落实在日常生活的行为示范中，孩子当然也会觉得读书神圣，读书最重要，孩子自然就会用重要而神圣的心态去读书，当然会有好的成绩。

女儿看的书多，文科方面一直很好，所以许多人便说女儿是遗传了我。其实遗传没那么大的作用，而生活中的影响却是实实在在看得见、感受得到的。

记得女儿很小的时候就问我书是谁写的，我告诉她是作家、学者还有科学家，就是有知识的人写的。后来女儿又问过我，说是不是要写书，就得好好学习，我肯定地告诉女儿是这样的。女儿虽然不再说什么，但我知道此时的女儿在想什么。女儿六七岁的时候，我已经发表了不少的小说，也有不少的退稿。有一次又有退稿回来，女儿问我为什么，我告诉她写作方面的一些事情，女儿突然对我说："爸爸，写作这么辛苦，你就不要写了，我要好好学习，等我长大考上大学，我替你写。"

再后来我母亲在我这里住，有一次星期天包饺子，母亲便说起旧社会大家庭里妯娌们争斗的事情，母亲讲得很生动有趣，女儿听完，立即说："爸爸你别写，我写。"

当然也有负面影响的例子。女儿五六岁的时候，我们带她回老家过年。老家二三十口人聚到一起，打牌打麻将必不可少，有时要摆两桌麻将。大人不玩的时候，几个孩子就凑到一起玩，我女儿很快就学会了。回到我们家，女儿便把我们给她买的组字积木当麻将来玩。有一天她又和一个小朋友玩，我细看，才发现女儿还真动了脑筋用了心思，她用组字积木上的偏旁部首来组字，玩的方法和打麻将一样，组成一个字就成一口牌，全部组成就和了。我一下觉得这不行，她已经迷上了这个，而且动了这么大的心思，这样我就再不让她玩了。因为我们家不玩这些，她慢慢也就忘记了。

这里还需要说明的是，许多父母往往是以管教者的身份来教育孩子，而且在我们传统的理念中，父为子纲，养不教，父之过，父母就应该管教孩子，就应该主宰孩子的一切。在这种思想的支配下，指挥孩子、批评孩子理所当然，而且成为一种自觉行为，成为一种做父母的本能。

殊不知，管理者和被管理者，本身就是一个对立面，管教孩子，其实自觉不自觉地已经把父母和孩子对立了起来。因此，家长管孩子时，孩子往往会有一种对立情绪，如果要求过严过多，过于啰唆唠叨，孩子就会产生逆反心理，产生对抗行为。另一方面，管孩子，孩子只是被动接受，不会主动去学，更不入心入脑。如果是父母做表率做示范让孩子自觉地学，或者是和孩子一起去做，一起去学，孩子就是愉快的，是自愿去做去学的，是用心去做去学的，不但认真自觉，还会模仿得很好，也会觉得应该这样去做，这样去做是自己的责任。别小看这个差别，如果父母只说不做，只批评不做表率，孩子的心情就不会愉快，就会产生逆反心理，就会对父母产生不满甚至怨恨，就会和父母顶嘴或者对着干。

在写作课上我让学生写一篇散文，学生就在文章中写她的母亲很讨厌，总是拿她和别人家的孩子比，整天都在教育她批评她，每次考试后，母亲问完她的成绩，就急忙跑到邻居家问人家孩子的成绩，如果比不过人家，那就要唠叨几天，而她母亲自己却从不和人家的父母比，没事就去打麻将。要说明的是，这不是中学生写的，而是大学生写的，可见她对这件事是多么耿耿于怀，这件事对她的影响有多么大。

有人说教育孩子很累。其实教育孩子就是日常生活，如果我们把日常生活当成教育，父母勤奋努力做表率，一家人其乐融融，你就会觉得这样的生活很有趣味，很温馨愉快美好，也很有生活气息。这样的教育当然就不会觉得累，孩子也会学得温和而善良。

因此，教育子女，是值得花心思和力气去做的一件大事，做父母的多付出一些，即使吃苦受累，也是应该的，而且吃苦受累了，也不会感觉到累，反而会感觉到充实和高兴，会有成就感自豪感。

当然，教育孩子，和孩子一起生活，处处给孩子做榜样，处处有意识地影响孩子，天天都和孩子一起成长，和孩子一起努力，父母也会因此而骄傲、自豪、愉快。不要把教育孩子看得太严肃，更不能把教育和生活分割开来。只要在生活中我们时时想到孩子的存在，时时想着把事情做好，时时想着给孩子做榜样，这就是在很好地教育孩子了。

第二章

培养孩子的好性格

学霸不是书呆子，培养孩子的好性格与好品质对孩子的学习有很大的帮助，也能让孩子成为真正的"全能战士"。

第一节　没有规矩，不成方圆

学霸养成小贴士：矩不正，不可为方；规不正，不可为圆。守规矩、明事理，是一个学霸养成的必要条件。

人是社会的产物，要形成一个共同的社会，必须要有许多纪律和规矩来约束每一个人，也就是说，每一个人必须要在纪律和规矩下生活，才能融入社会。因此，守规矩是做人做事最基本的要求，也是一个人成长最重要的因素。正因为这样，纪律教育也应该从幼儿做起。

孩子出生后，除了本能，大脑基本处于空白，就像没装软件的电脑。孩子固有的本能基本都是自我的、自私的，那么这时要给孩子大脑安装的软件，除了基本的知识，就应该是怎么去做。而怎么去做，就是纪律，就是规矩。如果细想，人类成长的历史，也可以说就是一部任性和规矩的斗争史，也是一部立规矩守规矩的成长史。

孔子说克己复礼，我认为就是要克制自己，恢复礼仪，遵守纪律。正因为如此重要，礼仪纪律教育，就要从幼儿抓起，要让孩子从小就知道人是按规矩来生活的，不是自己想干什么就干什么，想要什么就要什么。也让孩子知道，无论做什么事，都是有规矩有要求的，必须得按要求去做。

孩子从有意识起就知道有规矩，至少是在头脑中有这些意识，孩子才会听话，才会按要求去做。如果一直这样教育，孩子长大了才会时时有纪律意识，才会懂规矩知敬畏，才会严格要求自己，遇事才不会由着性子乱来。

关于幼儿的纪律意识怎么培养，我来说说我的一些经验和看法。

妻子是个爱操心的人，事无巨细她都操心。女儿出生两个月后，她就抱着女儿让她按时排便排尿。虽然大多数情况下都是徒劳，但她仍然坚持这样做。这样一段时间后，女儿就形成了条件反射，抱起她对着尿盆，她就会尿。这当然也是纪律教育，这可以在她的大脑里形成"撒尿也是有条件和规矩"的意识。

后来给她看图画书，她会抓书页往嘴里吃，我们知道必须从一开始就让她明白书和有些东西是不能吃的，于是我们就在书上抹了点儿辣椒，让她吃后感觉很痛苦，然后我们也做出痛苦哭泣的样子。让她再吃，她就躲闪。再后来她如果抓破书，我们就把她的手放到破处，然后将她的手迅速拿开，表现出痛苦和害怕的样子，让她明白书是不能用力拉扯的。还有她抓碗或者拿不该拿的东西，我们也想办法让她知道这些东西是不能乱抓的。

我们这样做的目的，也是让孩子从一开始就知道，有些事情是不能做的，从而让孩子遇到事情时的第一反应不是任意去做，而是考虑能不能做，要有个遇事动脑子想的过程和意识。正因为有了这些训练，女儿再遇到同一类事物，在动手前会看大人是否允许，也会小心去试探。养成这种习惯，以后的教育就好办得多。

女儿一岁八个月上幼儿园后，我们就给她制定了比较详细的作息时间表，规定清楚什么时间睡觉，什么时间起床，什么时间去幼儿园，什么时间玩耍，休息日如何作息，等等。然后郑重其事地将作息时间表张贴在门上，同时还在门后放一根一米长的竹棍，并且严肃地告诉她，如果不按制度办不听话，这根棍子就是打她的。

这样做的目的就是要让她知道，上幼儿园了，就进入了社会，就有了更多的规矩，无论是在幼儿园还是在家，都必须得按规矩来，如果违反规矩，就要受到惩罚。因为我们郑重其事且不厌其烦，孩子幼小的心里就会有纪律这个概念，也会知道这事很重要，遇事就会想到纪律，就会处处遵守纪律和规矩，遇到不懂的事情也不会贸然去做。

当然制定这样一个作息时间表，绝对不只是为了让孩子懂得规矩，而是还要让孩子认真执行，真正养成守规矩的习惯。因此，作息时间表我们每学期都会根据实际情况制定，每学期都张贴到门背后，直到她上了初中才不再张贴。不再张贴的原因是她已经长大了，有了一定的自律能力，也有了自己的尊严和面子，再张贴就等于羞辱孩子。但不张贴并不等于没有作息时间表，而是这个作息时间和她商量好，让她自己记住并遵守。如果她不遵守，我们也会督促她。

按时作息，不仅能养成一个良好的守纪律的习惯，也让她的生活一直有规律有节奏，更不会有什么睡眠紊乱一类的毛病。当然，这只是一个作息时间表，而生活中却处处有规矩，处处都得守规矩，因此，在具体的日常生活中，我们不仅要处处引导孩子守规矩，处处教育孩子守规矩，还要经常给孩子立规矩。比如领孩子散步游玩时，就告诉孩子为什么要遵守交通规则，为什么不能采折花木，为什么不能随地吐痰，为什么不能乱扔废弃物，等等。

说这些的目的，除了要孩子端正自己的行为，更重要的是让孩子明白道理，懂得这个世界是由许许多多的人组成的，这么多人要都想生活下去，要都想生活得平平安安自由自在，就要制定许多规矩。

比如，公共的东西就不能私自占有；自己做什么事情都要考虑别人；自己的行为损害了别人的利益，别人就会生气；等等。而且还可以告诉孩子，如果这个世界没有规矩，人们就没法生活，如果谁都侵犯别人的利益，那么谁的利益都无法保障，以此来让孩子明白规矩纪律的重要性。孩子明白了道理，就会自觉地约束自己，久而久之就会养成良好的习惯，遇到事情会首先考虑能不能做，做的后果如何。时间长了，孩子就会形成一种本能，继而形成一种品德和性格。

记得女儿三四岁时我们带她逛街，她手里拿着橘子皮但找不到垃圾箱，就一直那么拿着，手都冻红了就是不扔。我想拿过来，她不肯，我们让她扔在一处有垃圾的墙脚，她还是不扔，一门心思就找垃圾箱，而且满脸自豪，满脸遵守纪律，满脸文明正义，甚至我们能感觉到她此时内心的骄傲和高尚。这样我们当然也很高兴，就让她拿着并帮她找到了垃圾箱。过后，我们也多次在别人面前赞美表扬她。

有一次，我们和亲戚一起在校园散步，亲戚要给她摘一朵花，女儿立即说不能摘，而且瞬间很害怕地左右看。这样守纪律和知敬畏，长此以往就形成了一种自觉。

还有一件事令我记忆深刻。大概是女儿读小学二年级的时候，有一天我路过学校门口，看到女儿班上的几个女生在小卖部买雪糕吃，我就问她们我的女儿哪儿去了，她们说在操场。我向操场望去，看到女儿一个人坐在篮球架下。我明白她们在上体育课，于是也买了一根雪糕让女儿的同学带了过去。

女儿放学回来后，我问她为什么一个人坐在那里，那么热的天，为什么不和同学一起来买雪糕。女儿说老师只让在操场自由活动，而且也不让乱吃东西。我问老师哪儿去了，女儿说老师回办公室了，但会随时出来检查，如果被老师看到批评，就太没面子了。

我虽然觉得女儿遵守纪律有点儿刻板，但还是表扬了女儿，一是她维护尊严的意志能够战胜享乐任性的本能，二是她知道遵守纪律就不能有投机心理，更不能侥幸。其他孩子离开操场去买东西吃，就是觉得老师已经不在场了，离开操场老师也不会看到也不会管。要知道，许多成年人犯错误，就是存在侥幸心理。

也许有人会说，这样培养出来的孩子太较真，没出息。其实守纪律和死板是两回事，在平日的教育中，我就既教育她守纪律，也教育她要活泼开朗，但应该让她明白的是，该活泼的时候才能活泼，该守纪律的时候就得守纪律，这个原则必须得遵守。

女儿上中学、大学时也一样，可以说已经形成了遵守纪律的习惯，也形成了品格。在学校，基本是老师说什么她就做什么，而且都按要求保质保量完成，从不偷懒，更不应付。

女儿在北大中文系读本科时，他们的外籍老师要他们用英文给父母写一封信，还要求寄给父母。女儿给我打电话时告诉了我这件事，我说就不用花时间寄了，反正我也看不懂。但女儿说要寄，如果不寄总觉得欺骗了老师，自己也亏心。

正是形成了这样的性格品质，她才能在许多方面一直都是佼佼者，老师也很喜欢她。所以我们从来都不担心她违反纪律，也不担心她不好好学习，更不担心她交友不慎或者早恋。

说一件事情，这件事情没征求女儿的意见，但我还是想写出来。女儿初三那年，我几次发现一个男生躲在我们家的单元门口探头探脑，看到我马上就跑了。后来女儿考入了一所封闭管理的高中，而那个男生考了市外的学校，于是他便给我女儿写信。因为男生不知道我女儿的班级，就把信写到了我家。我拿到信后，一下想起他躲到楼门口的事，我就知道事情不对。但女儿从没透露过一点儿信息。一周内我一连收到几封他的信，几经考虑，我觉得还是应该看一下。拆开一封，果然是求爱的信，并且焦急地要我女儿给他回信。

我信任我的女儿，但我担心这个男生，这会严重地影响他的学习。因为我认识男生的母亲，我决定把这件事告诉他的母亲，让他的母亲和孩子沟通一下。后来我又想，女儿应该知道这件事，我应该了解一下她的态度。周末女儿回到家，我委婉说了写信的事并把信给了她。女儿并不看信，只是要我不要再管这件事，她会处理好的。但我觉得还是要了解清楚。

在我的一再追问下，她才细说。一年前，这个男生就追求她，还给她买吃的，被她拒绝后，男生又托另一个女生劝说她，她当即和这个女生翻了脸，以表示她的决心。她说她已经把道理给男生讲清楚了，而且已经不再理他。这件事看起来和守纪律没关系，但我要说的是女儿懂得克制自己，我说过到大学才能谈恋爱，她就一直遵守，其间不是没有她喜欢的人，而是不能谈。她上大学后谈恋爱，对象就是高中时的同班同学。

女儿有了孩子后，对孩子纪律方面的教育比我们更用心，也更严格。吃饭要把孩子放入儿童椅，而且要戴护巾，饭前要洗手，出门要把孩子放进婴儿车里，一切都是教科书式的。

孩子五个月大时回国，我们就给买好了安全座椅，去接站时就安装在车上，同时也买了婴儿床和儿童椅。这样做一方面是出于安全的考虑，另一方面也是家长要时时有遵守法律纪律的意识，因为只有家长时时守法守纪律，孩子的脑子里才能有纪律意识。

外孙女上幼儿园前，女儿就给她反复讲有关的纪律，比如如何听老师的话，绝对不能和小朋友打架，不许和小朋友抢玩具，等等。由于时时处处都对她进行纪律教育，外孙女从小就是遵守纪律的模范，而且形成了习惯。吃饭必须要坐在儿童座椅里，上车她就会自己坐到她的安全座椅上，然后自己把安全带系好。我们开车带她玩，常忘记系安全带就启动车，外孙女就会立即提醒我们系安全带。

有了纪律意识，孩子也不无理取闹，即使有特别想要的东西和想做的事，讲清不能要或不能做的理由后，就算仍然想不通，只是自己生气，也不纠缠哭闹。有一次去朋友家玩，外孙女玩得开心，天黑该回家时，外孙女仍然不想回。勉强跟我们上车后，她就不停地哭，我们只好停车教育她，问她能不能随便住到别人家，自己晚上该睡在哪里。明白了道理，孩子就不再哭闹。

有一次，我看到有个孩子打滚撒泼哭闹得没完没了，我就问妻子我们的孩子像他这样哭闹过没有。我和妻子仔细回忆，都觉得女儿没有大哭大闹过，也没有不听劝告无理取闹过。这着实让我们有点儿不敢相信。但我们没见外孙女大哭大闹过则是千真万确的。

有一次我打了个喷嚏，外孙女立即说不行，要用胳膊挡住口鼻。想想也是，如果用手挡，手抓东西也会把病菌传播给别人。后来我们发现，外孙女打喷嚏，都是本能地用胳膊去挡住。这些当然都是父母和幼儿园老师教的，外孙女也养成了习惯。

幼儿园教生活常识和纪律，比如不能玩什么，不能干什么，遇到困难或者险情怎么办，还有怎么过马路，怎么一起玩，怎么帮助别人，等等。这些知识都是纪律和规矩的基础，有了这些基础，以后孩子才能适应社会的要求，才能自觉遵守公共纪律，也才能不惹麻烦，快乐地成长。

许多家长为孩子不听话而苦恼，其实在很大程度上是因为从小对孩子的纪律教育不够，更没讲清道理，没有在孩子幼小的心灵里形成纪律规矩的意识，遇事不考虑规矩，只想着自己，只想由着自己的性子来，想要什么就要什么，想怎么做就怎么做，更不知道要克制自己。

如果孩子从小就懂得规矩，遇事能意识到规矩，就能在自己的头脑中形成可否意识，就会考虑能不能做，然后能够克制自己。如果孩子的规矩纪律意识强，遇到事情就会首先考虑能不能做，甚至考虑做了的后果，这样孩子才有教育好的基础。

值得一提的是，许多家长总是觉得孩子还小，不懂得规矩，等长大一点儿再教育也不迟。其实这是大错特错的。因为坏习惯一旦形成，再矫正就比较困难，而且错过了某一时期的教育，将永远难以弥补。比如，狼孩错过了幼年时人的教育，就很难加以矫正。这里面的科学道理我讲不清，人类目前对大脑的认识也处在初级阶段。但实践可以证明我说的是有道理的。

谈到规矩纪律，人们会本能地认为这是对孩子的束缚，会让孩子失去活泼的天性。其实让孩子守纪律并且养成习惯，对孩子来说并不是什么麻烦事，而是一件愉快的事情，也是一件高尚文明的事情。孩子会以自己守纪律讲文明而自豪，也会觉得自己高尚高大，从而形成一种高贵文明的气质，自觉自愿而且很自豪很高傲地去做。

女儿居住的小镇周围有几家大型科技公司，居民也多来自世界各地。小镇有一个公园，每天下午都有很多家长带小朋友们来玩，因此我能接触到不同肤色的孩子，从而也能观察对比思考一些教育问题。

突出的感觉是，凡是喜欢和家长一起玩，遇事问家长请示家长的孩子，就显得更守纪律，更文雅，也更懂事。具体的表现就是玩什么都有条理，不风风火火到处乱跑乱喊，而且显得有礼貌很懂事，也知道关心别人甚至为别人着想。

比如一个孩子想和另一个孩子玩，必然要先问："我可以和你一起玩吗？"被问的孩子同意后，他们立即就玩得很亲热。同时这样的孩子也会关心别人，如果看到小一点儿的孩子玩有难度或者容易磕碰的器械，这样的孩子就会跑过去问："你需要帮助吗？"我的外孙女小一点儿，滑滑梯时，就常有大一点儿的孩子跑过来站到下面，外孙女滑下来，大一点儿的孩子就会将她扶起来。

我仔细观察这些孩子，丝毫看不出他们不快乐，也丝毫看不出他们是在自我束缚自我克制，完全就是一种本能，完全也像自己在玩耍，而且特别自然快乐。我和经常也带孩子到这里玩的几个中国人探讨这个问题，他们说这根本谈不上特意的纪律教育，在文明家庭，这就是日常生活内容，从小就是这种生活习惯，习惯成自然，这些都是孩子的自然行为。这就是说，纪律其实也是一种生活习惯。

我认可这样的说法。初去美国，我最突出的感受是要遵守的规矩特别多：不能吐痰；推门要往后看，如果后面有人，要扶着门等后面的人进来；走路超过别人，也要先打招呼；几个人在一起进门，就要自觉排队；路上相遇，不管认识不认识，四目相对，就要笑脸打招呼。而且这些都要自愿自觉地去做。那年我们开车去一个森林公园玩，半路我想下车小便，女儿说绝对不可以。森林里暗无天日，公路上也不见一车一人，但女儿说这是一个尊严问题，也是一个纪律问题。于是她在手机上搜寻厕所，有一个十几分钟车程的厕所，便开车过去。

同样的情况还有前年开车到科罗拉多大峡谷玩，车在无人沙漠区行驶时，两岁八个月的外孙女要小便。好不容易将车开到一片橄榄林地，我说尿到树上等于给树浇水，将外孙女哄去尿，但外孙女对着树怎么也尿不出来，只好猛开车差不多一个小时找到厕所才尿。

目前我们国家正处在快速发展时期，城市化的速度也越来越快，人与人的交往联系也更加紧密，对人的纪律要求也会越来越高，各种规矩也会越来越多，纪律教育也会显得越来越重要，而且在纪律教育中，还要摒弃物质匮乏时期的那些仅为了个人生存的自利教育，要多一些利人利社会的公共纪律意识教育。这样孩子才能适应未来社会，才能得到社会的认可和尊重，才能成为一个有自尊有教养的人。

遵守纪律的另一个前提就是惩罚，教育和惩罚缺一不可。正确的方法应该是教育为主、惩罚为辅，而且惩罚的目的也是为了教育。我前面说过，我们把给女儿立的规矩贴到门后时，也把一根竹棍放在了那里，告诉她这个就是惩罚用的，而且也真的打过。只是女儿很听话，许多情况下不用打她就能改正，所以她挨的打并不多（她小时候瘦弱又不好好吃饭，好好哄也不起作用，她妈妈只好尝试用棍子逼迫她吃，当然这属于反面教材）。

这也正好说明，打是为了不打，就像立法是为了防止犯法。但孩子毕竟是孩子，总有不听话又不改正的时候，总有和大人对抗的时候，这时如果讲道理不听，那就要尝试别的办法，打当然是一种无奈的、不好的选择。

要说清楚的是，打是一种教育的方式，而不是发泄脾气的方式。如果打是为了大人出气或者发泄，那么打的教育作用就没有了，而且会起到反作用，会加深矛盾甚至让孩子产生敌对怨恨心理。

我认为正确的办法是打时就告诉孩子，这件事情很严重，已经严重到了不打不足以记住教训的地步。同时也要把道理讲清楚，那就是讲道理你不听，我只能用打的办法来教育，以后再犯，如果讲道理不听，还要用这种办法教育。也就是说，打是为了讲道理，为了让孩子记住道理，记住这样做事情的严重性，以后不敢再犯类似的错误。

讲到这里，大家当然会说现代教育是反对打骂的，也不允许打骂。不打骂的想法是对的，但我们不能太理想化，也要实事求是。中国自古就有"棍棒出孝子"的说法，至少也是赞同严厉的家教，比如将孩子送到学校，过去的家长一般会说不听话就打。直到现在，也有虎妈狼爸的教育经验。

即使在提倡严禁打骂教育的美国，也不是绝对不惩罚孩子，他们另有一种做法。比如在幼儿园，孩子如果哭，老师会过来认真检查，如果没有外部原因，老师就认为是你自己想哭，那就尊重你自己的意愿，老师再不管不问，直到你自己不哭为止。而对于那些调皮无法管教的孩子，他们就认为孩子有心理疾病，就要求家长带回去找心理医生来矫正。如果仍然矫正不好，就要送到特教学校去教育。

女儿朋友的孩子只是不愿意说话，也不喜欢跟着老师活动，就被老师认定有自闭症，要家长把孩子送到特教学校去，家长气得只好另换一家学校上学。所以说美国人对孩子的教育也是严厉认真的，只是严厉的方式不一样，而且美国教育惩罚孩子的办法也很多，孩子犯错，惩罚孩子独处去反省，也惩罚家长学习怎么教育孩子。如果你的孩子把别人的孩子抓伤了，那家长就得向被抓伤的孩子和家长道歉。如果人家要求赔偿，事情就麻烦得多，而且幼儿园也会要求你每天都要给孩子剪指甲，如果孩子有抓人的毛病，就要求把孩子的指头包裹起来。

外孙女一岁八个月时，中午她姥姥哄她午睡，把她要求读的书给她念完，她仍然不睡，一会儿起来要找玩具，一会儿又要喝水，劝说无效果后，她姥姥就严厉地在她屁股上打了几巴掌，然后外孙女就安静地睡了。

外孙女午觉醒来和我玩，平日和我特别亲热的外孙女却并没和我说姥姥打她的事，但她妈妈回来一进门，外孙女就跑过去对她妈妈说姥姥打她了。我女儿问怎么打的，外孙女便在自己的屁股上拍着学。她爸爸回来，外孙女又跑去给她爸爸说。女儿便认为这件事对孩子的伤害很大，也心疼委屈得想哭，但她还是没忘教育她女儿，要她记住，以后不听话还要挨打。此后，外孙女真的记住了，也知道了不听话的后果很严重，以后午睡就好了许多，读完书就能安静地睡，这次打的作用还是比较明显的。

守纪律也是尊重别人，尊重别人的人当然会得到别人的尊重。

我的女儿懂事守纪律，不仅我们喜欢，她的老师也对她很好。在她上学那些年，女儿得到了许多老师的帮助，从小学到中学，女儿获得了许多奖励。考大学时，女儿又被学校选送去参加北大的自主招生。大学毕业，又被北大保研继续深造。可见，守纪律的人不会吃亏，守纪律的人会得到别人的尊重和帮助，最终会受益一生。

有些人认为调皮捣蛋的孩子将来有出息，我们的许多电影电视也对调皮捣蛋的学生大加赞扬，认为他们头脑活、点子多，敢于创造。其实未来的社会就是一个互联互通、规则密如蛛网的社会，是一个契约社会，一个制度社会，也是一个法治社会，而且一切社会活动都将越来越规范，规矩也会越来越多，甚至每个人都需要一个律师来指导，由着自己性子生活的机会将会越来越少，而守规矩将成为社会对人最基本的要求，也是一个人文明素质最基本的体现。

因此，守纪律按规则办事，就会顺风顺水，至少没有麻烦；逆规则做事，就是逆风逆水，也会被规则制裁。遵守规则掌握规则的人，才是最适应社会的人，也是在社会活动中如鱼得水的人。

第二节　亲情，让孩子学会爱与牵挂

　　学霸养成小贴士：孩子胸中有情，心中就会有爱。有爱心、重亲情的孩子在成为学霸的道路上才不孤单。

　　亲情是父母和孩子的纽带，也是孩子接受父母教育的基础，而亲近父母、敬佩父母，是孩子尊敬父母和听从父母的保证，孩子和父母越亲近，越敬佩父母，就越能听从父母，也愿意为父母付出努力。如果不重视亲情也不懂得敬佩，孩子不仅不会听父母的话，而且常常会有不满和反抗心理，甚至叛逆逃离，能躲开父母就躲开，这样对孩子的教育就困难得多。

　　那么孩子和父母的亲情靠什么呢？物质当然是必需的，但更重要的是相处和教育，靠平日共同生活的一言一行，靠相处过程中父母表现出的真爱。爱孩子，父母一般都能做到，这也是本能。而让孩子爱父母，甘愿为父母和家庭付出，就需要一些相处的艺术和相应的教育，所以亲情也是培养出来的。你对他亲，他当然会对你亲；你对他灌输亲情思想，他头脑中当然会有亲情思想。

　　在孩子很小的时候，孩子对父母的爱主要来自于父母对孩子的照顾，这一点应该毫无疑问。我们提倡母乳喂养，这很重要。当母亲用乳汁喂养孩子的时候，孩子和母亲就有了一种难以割舍的联系，饿了自然要找母亲。而母亲将孩子搂入怀里哺乳，母爱、母情、母慈、自豪等母亲的爱意和伟大都会在心中流淌，这肯定和给孩子喂奶瓶有不一样的感觉，这种用乳汁建立起来的亲情，当然也无法用别的感情来代替。

例如，我的女儿出生后，护士就将孩子抱到了婴儿室，妻子回到病房，有完成任务的轻松，也有产后的疲劳。一直到第二天，我提醒妻子要不要去给孩子喂点儿奶。当妻子将女儿抱在怀里小心翼翼地喂奶时，那种幸福、伟大、激动被瞬间点燃，那满脸的爱意现在都还在我的脑海里浮现。此后，妻子就和女儿难以割舍，再也顾不得自己的疲劳，一趟趟跑到婴儿室趴在窗口往里看。如果不能母乳喂养，只能给孩子喂奶瓶时，最好也要母亲来喂，谁都喂的孩子，当然会对母亲缺少哺育的依恋。

这点从喂养动物也可以看出。女儿的舅舅在院子里养了驴和羊，驴和羊的圈舍墙很高，别人进院子，驴和羊都没反应，但听到喂它们的主人的脚步声，它们就会一起叫喊起来，不管主人换什么鞋，驴和羊都绝对听不错。

孩子稍大点儿时，和孩子的亲情主要来自一起生活，这时父母就要和孩子一起玩耍，这是联络亲情和传递亲情的最好办法，也是人生最大的乐趣。

孩子年幼时，谁和他亲，他就和谁亲，谁和他玩，他就和谁熟，即使是父母也不例外。我女儿出生后，我就喜欢抱着她玩，以后她一看到我，就要我抱。等她自己会玩时，就把我当玩具，要我这样要我那样，她要骑马时，我就得学马让她骑。这样她就对我有了很大的依恋，只要我坐下，她就要往我怀里坐。在沙发上看电视，她要么坐我怀里，要么骑我脖子上，我累了把她拉下来，她仍然不饶我，仍然要骑我脖子上。

有一次她舅舅来，我女儿习惯性地骑我脖子上，那年她四五岁，她舅舅很吃惊，说怎么把孩子惯成这样。女儿会走路后，只要是我带她出门，她就不愿意多走路，就撒娇让我抱着，以至我的同事不解地问我裤子大腿处为什么老是发白，我只好笑着解释说是抱女儿抱的，因为女儿走几步鞋底就有土，我抱她时她的鞋底就把我裤子蹭白了。

女儿上初中时，仍然习惯坐我怀里，有一次邻居看到，也吃惊地说，这么大了还往父亲怀里坐。有了这样的亲情和依赖，女儿就特别愿意听我的话，有事就总是问我，在家总是缠着我让我给她讲故事，出门总是好奇地问这问那，也许在女儿的心目中，我是什么都知道的，我有很大的本事，我也是她最值得亲近和尊敬的人，她当然也愿意跟我学，也不好意思违背父母的意愿不好好努力。有了这样的亲情和依赖，孩子愿意听父母的话，当然也就有了教育好孩子的基础。

我常常想，我女儿一直那么努力，也许是一直想着为父母争光，一直想着让父母高兴。而我的外孙女，出生后我也同样抱着玩，后来每个假期我都去看她，去的主要任务就是和她玩，也和陪我女儿玩时一样。比如我给外孙女喂饭，我也常常玩着喂。她不好好吃时，我不是强迫和训斥，而是装着我吃或者和她抢着吃比谁吃得多。和她玩玩具，也是和她商量着一起玩，甚至故意装作不会让她教。

要说明的是，这些都不是我故意装出来的，是真心实意喜爱我的外孙女，也感受到和她这样玩是最大的快乐。因此外孙女就和我亲近，如果问她喜欢姥爷还是喜欢姥姥，她会说喜欢姥爷。我们回国和她视频，每次她都要找姥爷说话，而且也说更想姥爷。姥姥当然很失落，也很不理解，说自己去了整天伺候外孙女吃喝，也整天陪她玩，她怎么不想姥姥。

我细想这个问题，一下就明白了。我对妻子说："我是和孩子一起玩，我们是平等的，我是她的玩伴，而你和她玩却是在指挥她、教育她、管教她，她当然喜欢玩伴而不喜欢管教。"妻子听后也恍然大悟。

许多父母也有同样的困惑：我整天围着孩子转，把心都操碎了，孩子不但不领情，还很反感。如果你有这样的苦恼，你就要想办法改变一下自己对待孩子的方式，把管教变成陪伴，把说教变成亲近。

我的女儿也特别亲近她的女儿，有空就和她玩，而且特别喜欢她，感情一上来，就闭着眼睛咬她的小脸蛋，也咬着牙揪她的小脸蛋，有时控制不住感情用的力气大，就把孩子揪哭了。那年，一岁八个月的孩子又被揪哭，但她哭几声，突然大声说："妈妈你好好想一想，你这样做究竟对不对？"她妈妈一下笑了，赶紧说"对不起"，然后告诉女儿："以后妈妈控制不住再揪，你就大声说妈妈你不对。"

这情景把我们一家人都逗笑了。因为女儿的学业任务很重，女婿的工作很忙，我们又都没退休，我们就提出把外孙女带回国内，由我们来抚养。我女儿立即说"不"，说这样的事她想都没有想过，放弃什么，她也不会放弃对孩子的抚养。

别小看陪伴和亲情，别以为孩子不懂事，这些点点滴滴的感情，都会牢牢地种入孩子的脑海，形成孩子的性格，成为孩子基本的感情。孩子胸中有情，眼里就会有爱，孩子也会变得有亲情，有爱心，更有孝心。

我们这个年龄的人谈起子女，许多人不免失望伤心，然后会说过去的人如何孝顺，现在的人如何不孝，如何没有亲情。

我认为应该仔细分析一下，过去的人有亲情有孝心，一是他们的生活关系紧密，全家就那么点儿土地，就那么点儿财产，就那么个村落，吃穿都在一起，孩子长大后，也要靠父母那些土地和财产生活，最后继承的也是父母的这些财产，因此和父母是一个经济生活共同体，子女对父母也有依赖性，孝顺也是自然。二是过去也有许多封建迷信，认为不孝会遭到报应，不孝会被雷劈，先人在阴曹地府也不会放过。第三个原因最为重要，那就是孝道和亲情教育。中国有几千年的孝道亲情文化，更有几千年的孝道亲情实践，比如一家人团聚在一起不分家，早晚要给父母长辈请安，长辈要坐上席，盛饭要先给长辈，逢年过节要跪拜祝福长辈，等等。现在的子女缺乏亲情或者说不孝，除了生活关系不再紧密和依存，也没有了封建迷信，更重要的是缺乏了亲情和孝道教育，也缺乏了亲情和孝道的实践，这才是导致亲情疏远的关键因素。

亲情教育也是生活教育。孩子有了自己的认知能力，就要有意识地对他进行一些亲情的教育和影响。我们的做法是常讲一些和我们父母兄弟生活的故事。比如父母怎么照顾我们，我们那时怎么生活。亲情故事讲多了，我的父母及亲人，不管女儿熟悉不熟悉，见没见过面，都成了她的亲人，至少她头脑中有了这些亲人，感情上也有了这些亲情。这些情感会像种子一样种入孩子的心田，也会成为无形的纽带，把她和亲人们联系起来。

当然，只有说教是不够的，现实生活的影响才是重要而真实的。因为我和妻子都是离家在外工作，思念牵挂亲人就成了自然，于是和亲人们联系就成了我们生活中的重要内容，不仅平时总要念叨，有事或者节假日也总要打电话问候。而且不管我们的经济情况如何，都要省吃俭用拿出一些钱来寄给父母，而且寄时总要让她参与。

正因为如此，孩子的幼小心灵，就装入了这些亲人和亲情，也觉得这些亲人和亲情是很重要的，是家庭生活的一个组成部分，是不能缺少的一种感情，她也从小就有了这些感情和概念，也懂得了这些感情的重要性。

每到放寒暑假，不管怎么样，我们都要想办法带她回老家，和亲人们聚聚，而且回去时总要大包小包带很多东西，一路的辛苦和喜悦都让她体会。如果老家有亲人结婚或者去世，我们也尽量带她去参加，让她感受亲情。我母亲来我这里住，上楼梯时要她扶着奶奶，吃饭时尽量让她给奶奶端饭。

女儿五六岁后，逢年过节我们就让女儿给亲人们打电话，那时长途电话费虽不低，但我们还是坚持让她来打电话问候。这样的教育和影响当然会有效果。女儿上大学期间到绍兴看鲁迅故居，她打电话说买了一坛黄酒，要带回来给奶奶过寿喝。我知道酒坛子不好带费事，但我也赞同她这样做，费事就费事一些，如果是很简单就做到的事，那也显示不出亲情。

更让我感动的是，女儿大四时在北京的一个区团委实习，听说姑姑要带奶奶到北京来玩，她就决定要用轮椅推着奶奶逛北京。她和区团委领导说了这事，团委领导给区民政局打电话，从民政局下属的福利院借到了轮椅。女儿坐公交车去取轮椅，给奶奶用完后再坐公交车把轮椅还了回去。这样的亲情，我母亲高兴，我当然满意自豪，我女儿也觉得开心。

这几年新冠疫情全球肆虐，我女儿当然也有点儿担心，她抱着她女儿说："如果爸爸妈妈有了病你该怎么办？"外孙女说："那我就抱着花花和黑黑（他们养的两只猫）回中国找姥爷姥姥。"女儿后来告诉我这件事时，我一下泪流满面。

现在有了微信，亲情的联系就更加方便和紧密。在我们家，按不同的关系，我们组建了四个亲属群。这四个群不仅是联系群，更是亲情群，有什么事大家都会放到群里，共同分享，也共同出主意想办法，虽然在天涯海角，但也感觉近在咫尺，有什么困难，都能感觉到有强大的群体和后盾支持，从而增加信心和力量。

亲情是一种相互的牵挂和照顾，当然也是一种责任和感恩。孩子有了责任心和感恩心，自然会愿意付出，努力向上，会处处为家庭着想，为父母着想，也知道心疼父母，懂得维护家庭，维护亲情。有一件事我至今感动，每每想起，我的心里都有一种温暖。

那年女儿读小学一年级，有一天放学回来，女儿很不开心，神情也不对，我问怎么了，女儿先是不说，追问下才说是同学的哥哥打了她。我问为什么，女儿说她和同学追着玩，同学跌倒蹭破腿哭了，同学的哥哥看到后就打了她，而且说明天还要打她。

我们是子弟学校，她同学的哥哥已经是十一二岁的大男孩了，我当时有点儿冲动，说我去找他的父母。女儿听了一下急了，立即说：

"爸爸你别去，去了给你惹麻烦。他如果再打我，我就告诉老师，让老师来批评他。"这是我女儿的原话，我一直牢牢地记着，而且无数次对人讲过。

让我感动的是，我的孩子已经懂事了，已经知道为爸妈考虑了，已经知道心疼爸妈了，不但不给爸妈惹麻烦，还懂得为爸妈分忧了。同时我也明白，我的孩子一定是一个争气的孩子，是一个疼爱父母的孩子，也是一个有亲情的孩子，因为疼爱父母的孩子，她就不仅懂得不给父母添麻烦，也懂得要给父母争光彩，要给父母争幸福。

人的一切努力奋斗，一切吃苦耐劳，往往都是为了自己的亲人，如果只为自己，他就只会想到穿衣吃饭，有饭吃有衣穿就够了，没有必要去奋斗去打拼。因此，孩子有亲情，有爱，也就有了奋斗的动力，也就有了争气的愿望。那时我也想，我的女儿以后的教育就好办得多，因为她会自己严格要求自己，她会自己努力向上，然后为父母争光，也自己给自己争气。

事实证明，我的判断是有道理的，我的女儿一直很努力，根本不用我们督促监督，如果有了什么错，我们不责备，她自己就很难过，很自责。

孩子疼爱父母，感受到家的温暖温馨，就会依恋家庭。我的女儿上小学时，放学后就往家里赶。上高中时学校要求住校，我们也认为住到学校学习要好一点儿，也方便一点儿，但我的女儿却觉得离开家心里空落落的，总不如住在家里踏实。她便软磨硬泡，硬是从教务处办了一张走读的出门证，然后每天挤四十多分钟的公交车回家。上大学后，她也总是牵挂着家，有事没事总往家里打电话，问问家里的情况，说一些日常琐事。有一次，我们买一件电器没和她商量，过后说起这件事，她便责怪我们为什么不和她商量，她可以在网上查阅一些相关资料对比一下好坏。

也有和女儿形成明显对比的例子。女儿上高中时，她们宿舍有个同学星期天也不愿意回家，说回家嫌父母唠叨。那次她和我女儿一起到我们家玩，我问她老家还有什么人，她竟然说不上来。我当时就想，连自己的直系亲属的情况都不清楚，不能不说是父母对孩子亲情教育的缺失。

第三节　从做小主人开始，理解责任与担当

学霸养成小贴士：培养学霸并不只是让孩子埋头苦学，让他理解家庭的责任与自己的担当，会为孩子努力的决心保驾护航。

父母让孩子参与家庭事务，常和孩子说说家里的事，有事和孩子商量一下，甚至家里的东西放在哪里，也要告诉孩子一声。这样做，就是要培养孩子的家庭观念，培养孩子的主人意识，培养孩子的责任意识。这些意识和观念，对孩子来说也十分重要。如果孩子从小就把自己当成主人，他就有了责任意识，家里的什么事他都会参与甚至操心，而且会把许多事情当成自己的责任，当成自己的事情，从而自己的事情就会自己去做，自己的事情就会自己去想，自己的事情也不会只等父母来安排，学习也会有主动性积极性，一切教育也好办得多。

如果孩子没有这些意识，孩子的家庭观念就淡薄，责任心也不强。没有家庭观念和责任意识，孩子就会对家里的一切漠不关心，进而会对父母的事也不闻不问，对社会也漠不关心。对什么都漠不关心

的孩子，就是没责任心的孩子，也是自私的孩子，这样的孩子不会有上进心，教育起来就很麻烦，也会出现很多问题。

让孩子从小成为家庭的主人并不难，比如在孩子很小的时候，就要有意识地让孩子分清什么东西是自己的，什么东西是别人的，然后让孩子进一步知道家里柴米油盐的来龙去脉，知道过日子的基本知识。比如发了工资，要告诉孩子这个月发了多少钱，和孩子一起算算怎么花。这样做的目的，就是培养孩子的参与意识，也让孩子知道家里的一些基本情况。

孩子再大一点儿，就要让孩子直接参与家庭事务，而且一些事情要真的和孩子商量，商量的目的当然不是要孩子拿主意，而是要让孩子感觉到他是家庭中的一员，家庭的一切都和他息息相关，有了这些观念，孩子慢慢就会主动参与。孩子主动参与了，家里的一切家务也就自然而然地变成了孩子自己的事务，孩子自觉不自觉地就会成为小主人。

不当家不知柴米贵，孩子当了家，当然就知道了柴米油盐，就会珍惜家里的一切，甚至遇事会通盘考虑全家，也不会乱花钱，更不会自私自利、遇事只考虑自己，也会早早长大，早早成熟，早早自己把自己当成大人，自己担当起自己的责任，自己承担起自己的学习任务。

记得有一次晚上抱女儿去校医务室打针，当时女儿六七个月，还不会说话。打针时女儿哭了，但打完针要走时，她突然指着桌子喊，我顺着女儿手指的方向看，才发现来时拿的手电忘了拿。有一次带女儿去邻居家，一周岁的女儿指着一个苍蝇说："我们家的苍蝇怎么飞到他们家了，怎么把它带回去？"

能为家里着想，孩子就不但懂事，也能克制自己。那年我们带六岁的女儿逛街，由于天很热，我们就说好了到商场买雪糕吃。到了商场，女儿很高兴地跑到卖雪糕的地方，说要三杯。我们付钱时，女儿听到两块钱一杯，立即说不吃了，要吃小卖部那种八毛钱的。我们说这里是高档商场，没有八毛钱的，女儿一脸失望，但很坚定地说不吃了，然后将雪糕放下转身就往外走。女儿的举动让售货员都感到吃惊，我们也只好听女儿的没买。

还有一件事，我想起来就感动。有一年我们回我父母那里过春节，半夜下火车时，妻子忘了穿大衣就下了车，当时已经下车走了一段路，女儿突然想到她妈妈把大衣忘在了火车上。当时女儿只喊了一声"妈妈你的大衣"，然后便返身拼命往火车上跑。当时我看着女儿跑上火车，才意识到危险：火车马上就要开了。于是我扔下东西追过去，大声喊着不让乘务员关车门，这时女儿已经拿着她母亲的大衣跑了下来。那一年我的女儿才八岁。这就是说在那时，我的女儿已经有很强的责任心了，不仅操心自己的事，也操心父母的事，会为家里的事着想。

孩子懂事后，家里的事情就更要有意识地听听孩子的意见，孩子的意见不正确，也要和孩子商量为什么不能这么做。这样做的目的，就是要让孩子有参与的意识，要让孩子感觉到他是家庭的重要成员，家里的一切都和他息息相关。

女儿八九岁时，我们分到了房子，想去买沙发。到了卖家具的商城，里面各种各样的沙发让人一时挑花了眼，但不管看哪种沙发，我们都要问一问女儿的意见。一个卖沙发的见我们征求小孩子的意见，不解地问我们："小孩子是什么人，她懂家具吗？"我说："她是我们的女儿，她喜欢在沙发上玩，沙发对她很重要，她喜欢不喜欢也很重要。"女儿受此鼓励，觉得自己理所当然地要参与，于是不但更主动地参与对沙发的评价，而且还跑来跑去寻找喜欢的沙发。后来孩子看中了一组沙发，我们觉得也可以，于是我们便鼓励说女儿的眼力不错，这个沙发就很好，于是便买了下来。

孩子有自主意识和家庭观念非常重要，如果孩子把自己当成家庭的重要成员，他就会自觉地思考和承担一些责任和任务，也会为自己的事情甚至前途操心。孩子为自己的事情操心，就绝对不单单是为父母省心，而是能把自己的事情安排得很好，也能抓住很多的机会。

女儿上学后，学习的事情都是她自己操心，我们根本不用催促她做作业，就连学校组织的外出活动也是她自己准备行装。女儿高中毕业时，得知北大有自主招生，就自己联系，找班主任老师找校领导，硬是自己争取到了一个去北大笔试、面试的名额。要知道，那年是自主招生政策实行的第二年，我们都不知道有这事，而且整个甘肃省也才有四个名额。

女儿本科毕业时，又被保送上了本校的研究生。研究生快毕业时，她差不多用一年时间自己找工作，因招考单位面试前都要体检，女儿有一次打来电话开玩笑说她的血都快被抽干了。等到硕士毕业时，她已经考中了好几家单位，有好几个职位可供她挑选。

孩子有主人意识，不仅能自己规划好自己的日常生活，也能自己计划好自己的学习。因此，在女儿的学习上，我们只过问一些大的事情，具体的事情很少去管，更不去辅导她的学习，如果需要辅导，她自己会来问。

在生活上，许多事情也是女儿自己做主，无关紧要的事，都是她自己说了算，重要的事，也是和她商量，意见不同时，就站在她的立场上考虑，如果确实不合适，也要给她讲道理，让她思想上能够接受，至少让她没有太多的抵触情绪。许多家长不放心孩子做事，认为孩子不懂事也做不好。其实是家长过于主观，许多事情只要孩子用心去想去做，就会做得比我们想象得还好。因为是自己的事，他自己就知道他需要什么，喜欢什么，当然不会做得很差。

但让孩子自己的事情自己做，并不是放任不管。孩子毕竟是孩子，让孩子放手去做，父母不但不能甩手不管，而且还要时时暗暗操心，时时商量指导。我们放手让孩子做事，也是从小事做起，从玩耍做起，慢慢培养孩子的主人意识，慢慢培养孩子的自主性格。孩子一天天长大，也在一天天学习，经验和智力也在一天天增长，判断能力也在增强，这样一直培养下去，孩子不仅慢慢会把事情做好，也会在做事谋划中锻炼自己的能力，积累生活经验和智慧，提高谋划判断能力，为以后的独立生活打下基础，这样孩子才会成为生活的智者和强者。

如今我的女儿在国外打拼，异国他乡举目无亲，走时女儿女婿只带了四只箱子，短短五六年，就超过了许多当地人，过上了很好的生活，而且把一切事情都打理得井井有条。

我女儿也是这样教育她的女儿的。在她女儿很小的时候，她遇事就和女儿商量，比如穿什么衣服，玩什么玩具，今天要干什么，都会征求孩子的意见。

外孙女一岁八个月时，我们到商店给她买东西，不管是吃的玩的还是穿的，女儿都会征求她的意见。一次给她买鞋，将她领到儿童鞋柜前，要她自己挑选。外孙女挑选了一款浅红色的，女儿觉得那双花色的更好，便把两双鞋放到一起让她再选。外孙女还是要浅红色的，我们就按外孙女的意思买了，外孙女当然很高兴。如果是在网上买东西，他们也会把多种样式的图片放到一起，然后让孩子挑选。这样的培养，使他们的孩子不但从小把自己当成了主人，而且还当成了半个家长。

外孙女两岁多的时候，我们和她视频时让她看我家窗外的景色，她却说玻璃脏了，让我擦一下玻璃。前不久外孙女和她姥姥视频，她姥姥说疫情结束就去看她，外孙女立即说还是让姥爷来吧，姥爷来了能帮她爸装修房子。

这样的考虑让我们也觉得合理，因为他们换了房子，价格虽然贵了很多，但却是一所旧房子，许多地方要重新收拾装修，而且房子四周的花草树木也要打理，这样女婿有空就得收拾房子打理四周，一度被他女儿戏称为"装修爸爸"。这些外孙女都看在眼里想在心里。有一天，外孙女和她妈妈在外面玩，她妈妈抽空和我们视频，突然外孙女对她妈妈说："咱们回家吧，回去帮我爸干点儿活儿。"她妈妈问她能干什么，外孙女说她能找东西，也能帮着拔点儿野草。一个四岁多的孩子操这些心，不能不说是从小教育的结果。

现在有不少孩子不知道为家庭着想，也不考虑父母的辛苦，一切事情都依赖家长，这都是家长包办一切，没有从小就对孩子进行主人意识教育的结果。孩子没有主人意识和家庭观念，当然也不会为家庭为父母自觉努力学习，也不会想到要承担的责任。

久而久之，孩子不仅不会有自主意识，也不会有责任感，甚至连脑筋都懒得动，自己的什么事都不去想，而是要靠父母去督促管理，有时即使孩子自己想了也不管用，父母不采纳，更不鼓励，孩子也就更加不去想。习惯成自然，长此以往，孩子的事被父母包办，被父母做主，孩子就会养成衣来伸手、饭来张口的习惯，长大了也会缺少进取心，甚至成为"啃老族"。

我想强调的是，孩子的家庭观念和责任心要从小培养，要从生活的点滴培养。在我女儿很小的时候，如果家里有东西找不着，我就问女儿知道不知道放在了哪里。如果女儿知道，她就会跑去拿出来；如果不知道，她就会和我一起找。这样久了，她知道的就比我们多，记得也比我们牢，什么东西找不到，我们会本能地问女儿，很多时候她还真的能记起来，女儿也很有存在感和成就感。这些小事会让孩子慢慢把自己当成小主人，家里的许多事情就会主动参与，也会主动为家里出谋划策，长大后就能成为家里的顶梁柱。

那年我们买了一台液晶电视机，本来我们以为女儿在北京，又要参加一个考试，再说也不是什么重要的东西，就没打扰女儿。事后她母亲在电话里和女儿聊起买电视的事，女儿就很不满意，说如果和她商量，她会在网上查哪种品牌的最合适，多大尺寸的最适合。可见女儿对家里的事还是很牵挂，把家里的事当成她自己的事，也当成她自己的责任。

我的女儿十八岁就离家在外，但我和她母亲的生日她每年都记着，每到过生日那天她就会早早地发来短信，叮嘱吃什么、怎么过。有一次，我的生日我自己都忘了，那天我上完课往回走，突然手机响了，原来是女儿发来的祝福短信。回到家，妻子已经做好了饭菜。妻子告诉我说她刚上班就接到女儿的电话，要她早点儿回家准备给我过生日。后来有了快递和外卖，女儿就在网上订蛋糕，糕点店就会把蛋糕送上门来。

　　其实我女儿关心的事情还很多，比如三八妇女节，她会打电话让她的表姐买花来送给母亲，就连农历二月二，女儿也会发短信提醒我要不要"剃龙头"。因此，从小把孩子培养成主人，孩子一生都会有主人意识，不仅能做好自己的事，也能关照好整个家庭。

第四节　直面挫折，更明白勇敢与坚毅

学霸养成小贴士：学霸之路一定不是一帆风顺的，适当的挫折教育能让孩子在学习的道路上永不屈服，愈战愈勇。

老话说，人生不如意之事十有八九。人的一生遭遇挫折和失败不可避免，但对失败采取不同的态度，就会有不同的结果，也会影响到人的一生。因此，对孩子进行适当的挫折教育，可以让孩子有一定的心理准备，遇到挫折能正确认识，也能正确应对，遭受挫折后不至于有消极心理，更不会一蹶不振，走向极端。

挫折教育不一定是等事情发生了才教育孩子，而是平日就应该给孩子多讲一些这方面的事情，让孩子有这方面的心理准备，至少要让他知道世界是对立统一的。有成功，就会有失败；有欢乐，也会有悲伤。祸兮福所倚，福兮祸所伏，事情是会千变万化的，人生是祸福相依的，成长也是螺旋式上升、波浪式前进的。

孩子有了这样的认识，再遇到挫折，就会有一个正确的看法，有一个应对的心理。如果应对好了，坏事就能变成好事，消极就能变成积极；如果应对不好，挫折就真的成了挫折，坏事就真的成了坏事。

在我女儿小的时候，我们就经常告诉她，我们都只是普通的职工，家庭也是普通的家庭，她不可能依靠父母一辈子，将来的一切都得靠她自己，要靠她自己的努力来打拼。如果不努力，未来的一切都会很麻烦，她也会活得很艰难痛苦。但如果努力追求美好，美好就会慢慢实现，她也会在美好的追求中享受成功的欢乐，实现所追求的理想。但追求美好就得付出努力，就会有无数的困难，会吃无数的苦，也会遭遇无数的失败和挫折，没有哪一个成功是轻而易举的，能轻而易举做到的都不叫成功，人们也不会珍惜。

这些哲理听起来很深奥，但结合具体的事情来讲，孩子是完全能够听懂的，也知道说的是什么道理。说这些并不是要吓唬孩子，让孩子失去信心，而是让孩子明白人生的道理，并且做好艰苦奋斗的心理准备。

女儿在幼儿园大班时，期末考试有一道题做错了，考了九十八分，回来一脸不高兴，问我们是不是老师给她判错了。我们细看，问的是"聪明"的"聪"字第十三画是哪一笔，女儿答成了"点"。我告诉她是"心"字的卧钩，她一下跳脚大哭，说妈妈教的是先写卧钩。

我们一下想起来了。那天她妈妈看到她"聪"字写得不好看，就教她卧钩怎么写，先写完卧钩后再写了点，因此女儿把笔画顺序搞错了。但女儿还是不依不饶，沮丧伤心得平静不下来，说他们班好几个都是一百分，老师也批评她粗心、不认真。

因为女儿小，以后会遇到无数的考试和挫折，我觉得这正好给她一些挫折教育。于是我就讲一些考试的事情，告诉她考试总会出错，有时越是重要的考试越容易出错，而且永远都可能有人考得比她好，谁也不可能永远都考第一。这次没考好，只要努力学，下次就会考好，而且学好了学会了，错误就会少一些，考试成绩也会好一些。道理讲清楚了，女儿一下轻松了下来。

我也明白了一个道理，挫折教育，是给孩子放包袱解压，也是让孩子正确认识自己，让孩子学会该想开的时候能想开，该放下的时候能放下。放下了包袱，才会没有压力，才能更好地前进。如果孩子一受到挫折就耿耿于怀不能放下，那么包袱就会越背越多，要么失去信心，要么影响情绪、影响性格，甚至会出一些精神方面的问题。

因此，孩子遇到挫折，不要责怪孩子。家长要首先放宽心态，不急不躁，更不能生气，不能让孩子觉得事情很大从而加重孩子的压力，而是要给孩子减压，要给孩子讲挫折的道理，讲如何应对挫折。孩子想通了，挫折也就会变成不服气的动力，也会变成吃一堑、长一智的好事。

我的文学创作之路是艰难的，我也知道文学创作本身就是如此，因此弃稿退稿都是正常的事情，即使是成熟的作家，也难免会有退稿。正因为我有如此的认识，我才能百折不挠地坚持下来，也有了一定的收获。能坚持下来就是战胜了无数的挫折。记得20世纪90年代，省作协召开青创会，到会的青年作者有近百位，但到现在，我知道的坚持下来的只有五六个了。

我创作路上磕磕绊绊的艰辛，我的女儿当然会看在眼里也记在心里，当然也会潜移默化地影响着她。有一次，女儿和她母亲去门房取信，女儿看到一个大信封，六七岁的她就知道是退稿，便悄悄对母亲说把信扔掉吧，免得我看到难过伤心。

这件事妻子私下告诉我后，我虽然抑制不住要哭，但我觉得这件事对女儿来说也未必是坏事，应该好好和女儿谈一谈，也正好给她一些艰难和挫折的教育，告诉她一些人生和挫折的道理，让她明白艰难追求而后成功的喜悦，也告诉她我为什么不放弃和我怎么认识挫折。

那天我和女儿谈了很多，我告诉她更多的是，她将来的人生，也会和我一样，会经历许多挫折和艰难，但面对挫折和艰难的感受，取决于自己的认识和心态。如果把挫折看得很严重，挫折感就很多很沉重；如果把挫折看成是平常的或者必不可少的事情，挫折感就少一点儿、轻一点儿。

我告诉女儿，爸爸一点儿也不觉得苦和累，也不觉得退稿是多么严重的挫折，因为我知道，退稿能够让自己知道自己的不足，也让自己能从中找出一些退稿的原因，然后吸取经验教训，把稿子修改得更好或者以后写得更好。女儿当然能听懂我的意思，她头脑中就会有挫折的概念和对应的心理准备，这样她就不会害怕挫折，遇到挫折也会正确认识，然后鼓起信心和勇气战胜挫折和困难。

大概是女儿小学二年级时，六一儿童节他们要表演节目，那时女儿跟他们的音乐老师学电子琴，定好了要上台演奏，当天我们给女儿选好了衣服化好了妆，却被告知不能上台演出了。女儿的音乐老师告诉我女儿，说演出负责人是另一位音乐老师，她斗不过人家，她教得好的学生，那个音乐老师就不让上台演出。

回来后我的女儿哭了，但我告诉她，这样的事以后还会遇到，因为人人都有自己的想法，所以就有很多矛盾，而且我们学音乐也不是为了上台表演，如果想上台表演，明年还会有机会，如果她想争这口气，就好好练习，想办法演奏得更好。我女儿听后突然说："等我练好了，明年演出我要和他们一块儿表演！"

但是有些挫折也不是那么轻松就能过去的。那年女儿和一个很要好的同学去学校的网球场打网球，同学的父亲是学校的领导，她们俩一进场，立即有两个职工争相邀请她的同学一起打，而她却被晾到一边。女儿一个人回家后很伤心，向我说了这件事，抱怨那两个职工为老不尊，也说同学不够意思，很傲气地丢下她去和那两个职工打球去了，以后她再也不去打球了，再也不和这个同学一起玩了。其实女儿遇到的还不止这一件事。她们上学要坐一段公交车，车上基本都是学校的职工，常常是她和她的这个同学一起上车后，就有职工给这个同学买票甚至让座。这次我虽然心里很难受，但我还是努力压下悲伤，对她说："有的时候不会人人平等，而且每个人都各有长短，你学习比她好，你比她自豪，在这方面你也可能伤过她的心。她社会地位比你高，她同样也可以自豪，为什么就只许你自豪不许别人自豪呢？再说了，也没必要攀比，每个人都有不同的情况和际遇，每个人都有长处和短处，你做好你自己就行。"

同时我还告诉她要理解别人，每个人都不容易，每个人都有不得已的时候，没必要说人家为老不尊，更不能怨人家恨人家，而且攀比本身就是个毛病，如果攀比，就会有更多的伤心，也会有更多的挫折。如果遇到这种事不是攀比而是更发奋努力，做好自己，让自己变得更优秀，这样的挫折和不愉快就会少一些。我的女儿当然听懂了道理，我想她也会想很多事情，也会更成熟，懂得的也会更多。

在学习方面，孩子遇到的挫折会更多一些。一个问题不理解，一道题做错了，或者考试成绩比预想的差很多，对孩子来说都是实实在在的挫折。这些挫折虽然小，但作为家长却一点儿都不能忽视，因为许多大问题都是由小事情引起的，如果这些小事处理不当，就会让孩子产生悲观情绪或者消极思想，从而影响到孩子以后的学习和发展，甚至让他就此放弃努力而走向退步。

女儿就读的高中是唯一一所向全省招生的高中，而且女儿考入的又是十几个班中唯一的奥数班。开学几周后女儿突然打来电话，一开口就号啕大哭，而且伤心得喘不上气来。我当时吓得心都缩紧了，高声喊着问她怎么了。结果半天我才听清，原来是数学摸底考试考得很差，一百五十分的题只考了二十几分。这样的结果我也没料到，但我还是努力安慰她，告诉她考多考少都不要紧，因为才入学不久，一切才刚刚开始。等她渐渐不再哭时，我才问她总体情况怎么样，她说有比她差的，但也有考一百多分的，她这个成绩，肯定在四十名左右，照这样下去，肯定要被淘汰。

我知道他们那个班有四十五个学生，老师事先就说明了，第一学期要淘汰五个，第二学期再淘汰五个，淘汰的学生只能进入普通班。淘汰对每个学生和家长来说，是最痛心也是最没面子的事。女儿提出现在就转到文科班去。

我一下感到女儿是在逃避。她要学文科我们是同意的，但既然按中考成绩分班分到了奥数班，我们就决定在奥数班学一年，到高二文理分科时再选文科班。我觉得应该给孩子减压，应该对孩子进行挫折教育，如果处理不好，很可能会出现问题。我在电话里对她说："人上有人，天外有天，你不可能永远是最前面的，但只要你努力向上，这就够了。什么时候转班都不是问题，问题是你有了畏惧退缩的思想，这种思想是有害的，如果不把这种退缩的思想压住，你到了文科班也是有问题的。你应该相信你自己，至少要努力坚持，至少要不服输继续拼搏，奥数班这样的集体正适合培养你这种精神。就像是赛跑时如果和你一起跑的人跑得很快，你拼命跟着，就能跑出好成绩；如果和你跑的人都比你跑得慢，你也许就跑不出更好的成绩。"

第二天我来到他们学校找认识的老师了解情况，老师告诉我，给他们带数学课的老师名气很大，办法也很多，每年新生进来，这位老师都要不断地考试，而且题出得特别难，目的就是要杀一杀学生的傲气，让学生觉得自己还不行，然后让学生把大部分时间花在数学的学习上。至于那几个考得好的学生，都是靠全国数学竞赛获奖才进来的，有的已经学完了大学的高等数学。

这样我也就放心了，但我不想告诉女儿这些，让她受点儿挫折增强点儿抗压能力也是有好处的，而且数学老师用心良苦，因此我只告诉她她考得也不算太差，排三十几名。

到了学期末我去开家长会，女儿的成绩按五门课程排名排三十三位，再加上历史、地理和生物按八门课排，女儿排在了二十一位。这个排名我虽然不满足，但感觉很正常，因为女儿读的书多，长项是文科，考试排名也反映了出来，她的文科成绩都不错。当时女儿的座位上除了成绩单和试卷，还放了学生自己写的半年来的学习情况总结，我更想看看女儿是怎么总结的。看后觉得我女儿写的总结还比较清醒，剖析判断也比较客观，而且心态也算平静。

我和旁边的一位家长交换各自孩子的总结，我看到他孩子的总结通篇充满了不服气，说了许多原来如何"过五关斩六将"，至于现在为什么没考好，只说了几句，而且都是客观原因，比如说没买老师用的那本参考书等。我觉得这孩子还有点儿没认清形势，仍然沉浸在过去的成绩中，家长应该给孩子讲一些挫折的道理，让孩子平静地投入到新的学习环境中来。但这位家长对我的建议很是敷衍。

孩子在没受挫折前，要让孩子有遭受挫折的心理准备，当孩子受了挫折，就要给孩子鼓劲，让孩子鼓起勇气，看到希望。因此，那天家长会回来，我表扬了女儿，因为我觉得她的成绩会让她愧疚不安，她需要家长的理解和鼓励。同时我也说了她的总结写得好，思想状况也让我满意，就像这样平静地对待成绩，平静地继续努力，她终究会有一个好的结果。

现在的孩子大多在被过分爱护的环境中长大，一般很少有能接受挫折的心理准备，这就更需要挫折教育。但在教育孩子正确对待挫折前，父母本身要有接受挫折的心理准备。这很重要，因为在大多数父母眼里，自己的孩子都是优秀的，而且期望值也是很高的，一旦孩子达不到父母的期望，父母就无法接受，从而迁怒孩子，抱怨争吵，做出一些不当的举动，把事情搞得更糟，甚至闹出大麻烦。

这方面的问题已经千奇百怪。有一个平日学习很好的初中生，就因为偶然被老师批评了几句，回家竟然跳楼自杀。在大学，因受挫而自杀的学生更是时有耳闻。有一个大学生，在高中时的女朋友提出分手时，他竟然一下精神失常，然后便杳无音信，至今生不见人、死不见尸，多年来让父母寻找得痛不欲生，满头白发。

可见挫折教育不是可有可无，而是应该从小就给孩子讲清楚：这个世界有太多的未知，失败和挫折在所难免，遇到了，就要平静对待，而且要认真思考和反思，要找到失败的原因，吸取教训。我们还要告诉孩子，找到了失败的原因，就是找到了前进的方向，就不会重蹈覆辙，所以说失败是成功之母。让孩子懂得这些，一方面是防范风险，更重要的是让孩子懂得人生，懂得奋斗的道理，并且有一颗不畏困难坚定向前的心。

有一天，学院办公室给我打电话，说有人找我，是一对父女，来自偏远小县，因为知道我在这所学校便找了过来，学校办公室人员又让到学院找，问我见不见。

我急忙赶到办公室去接待他们。一聊才明白原来是他女儿平日学习成绩很好，高考却意外落榜，全家一时无法接受，父母也批评抱怨了女儿，女儿便想不开整天自虐，也有轻生的迹象。他说女儿看过我写的那本《培养女儿上北大》，也看过我写的小说，对我比较崇拜和信任，就领来让我开导一下，给鼓鼓劲儿，讲一些励志的故事。

我答应给孩子讲励志故事，但我也决定给她讲一些有关挫折的事情，于是我就结合我自己的经历，讲了些励志故事，也讲了很多艰辛和挫折的故事，而且讲了福祸互相依存、互相转化的道理。这样一来他女儿的心情轻松了许多，一脸愁苦也渐渐变成了一脸笑容，同时信心满满表示要更加努力。

过后那位父亲打电话来感谢我，我告诉他，是他平日对女儿期望过高，也没有给予适当的挫折教育，孩子心中根本没有挫折和意外的概念，更没一点儿经受挫折的思想准备，遇挫折后自然一下无法接受，而父母此时没有安慰减压，反而给了更大的压力，导致寻常的事变成了大事，以至孩子无法承受。他听后也赞同我的观点，表示要放平心态，今后会多给孩子讲一些这方面的事情。

第五节　正视荣誉，更懂得谦虚与上进

学霸养成小贴士：谦虚使人进步，骄傲使人落后。努力争取而来的荣誉，更要靠谦逊守护。

荣誉感是人的精神需求，是人向上的动力。孩子如果没有荣誉感，就不可能积极主动地去做什么事，更不可能发奋努力，甚至连起码的是非观念都没有，想干什么就干什么，不想干什么就不干什么。因此，培养孩子的荣誉感，其实就是培养孩子的进取精神和自信心，也是培养孩子的约束力。荣誉感强的孩子，不但会努力争取荣誉，也会努力克制自己，遵守纪律，避免犯错，从而避免羞耻。

我女儿上幼儿园一年多后当了班长，这大概是她那时最重要的一个荣誉。她当班长不久，有一天下午我去幼儿园接她，见她和另一个男孩都抓着倒垃圾的铁簸箕不放，两人就那么在门口对峙着。我问怎么了，女儿说她是班长，她要倒垃圾。男孩说他是副班长，他也要倒垃圾。我没办法，就说让他们两个一起抬着去倒，两人高高兴兴地去倒了。

我觉得从当班长这件事开始，我女儿幼小的心灵里就有了这种荣誉感，当然她要保持住这个荣誉，那就要起带头作用，要做得更好，更加努力，更加约束自己。女儿有这样的荣誉感，我们当然就会更重视女儿的荣誉，家里最显眼的位置，都是留给女儿的，她得到的小红花，她写得好的作业，她考试的成绩，她做得好的手工，她得到的奖状，都被我们张贴和悬挂在家里重要的地方。家里就像个展览室，亲戚朋友来，首先看到的就是这些东西，往往是亲戚朋友一边看这些，一边说些恭维夸奖的话，女儿听到这些，更是一脸自豪和得意。我们可以判断出，孩子此时的心里充满了荣誉感，充满了快乐和高昂的斗志，会想到以后要做得更好，要对得起父母的鼓励和重视，不能让父母失望，也会想以后怎么样更好地报答父母，得到更多的荣誉，让父母更感到高兴和满足。

肯定孩子得来的荣誉，就是肯定孩子的努力和付出，也是肯定孩子的这种精神状态，孩子每看到这些，就等于再受一次褒奖，也等于再受一次激励。长期的褒奖和激励，让孩子能一直努力进取。但有不少人说到激励，就想到金钱，就想到物质。

对孩子来说，荣誉的激励往往比金钱更加重要，也更加有效。金钱和物质的激励，会让孩子更看重金钱和物质，而且有了金钱就会自然想到怎么利用，怎么享受，很可能让孩子养成过分讲究吃穿、排场，甚至喜欢炫耀的不良习惯。从而因为金钱产生满足感，就此放松自己不再努力。

而荣誉作为一种精神的追求，虽然也能给人带来享受，但享受的结果是让自己更加注重言行，更加严格要求自己，也就是更加上进，这就是荣誉奖励和物质奖励的区别。同时荣誉也是大家都羡慕的东西，而且荣誉越多，孩子就会越看重荣誉，孩子的精神和情绪就越愉悦。孩子精神愉悦了，就有了更努力的决心，做什么事情也就不觉得苦和累了，做什么事情也有信心有乐趣了。

女儿更注重荣誉教育。前面说过，女儿教育她女儿时，"太好了""你真棒"这样的话已经成了口头禅，拍手称赞也是经常的动作。这样鼓励孩子，当然是要让孩子更看重荣誉和他自己的成果，孩子看重这些，当然会努力去做。美国的幼儿园教育很重视荣誉教育，孩子如果画画得好或者歌唱得好，老师都要录成视频传到家长群里。女儿会把孩子的这些视频收集起来，常常给孩子看，以激发她的荣誉感。

外孙女在幼儿园得到老师的表扬，女儿就会详细问她整个过程，然后再肯定表扬一番。女儿和我们视频，也会当着孩子的面告诉我们孩子的优秀，让她感受被重视被表扬的荣耀。外孙女学钢琴将近一年，得了一个七岁以下组的金奖，女儿就把金奖的奖状放到外孙女的钢琴前，还把那些获奖的照片也放在那里，让外孙女时时能看到，时时能感受得到，从而信心满满，荣誉感满满。有一年幼儿园给制作了一个大牌子，上面写了"荣耀之家"几个字，女儿就把牌子插在门口，让外孙女进门出门都能看到。

关于荣誉对孩子的鼓励作用，我的妻子也有心得，她常常说起获奖改变她命运的事。妻子说开始上学的时候，她的学习成绩并不太好，四年级学习珠算，不知为什么，她对打算盘很有兴趣，早早背熟了口诀，算盘也打得全班最好，碰巧那年教他们珠算的是一位新来的老师，老师教学的热情很高，也很用心，于是老师便发现了她，表扬了她。学完珠算时，老师还搞了一次珠算比赛。那次她得了个第一，老师也给她发了奖状。那是她生平第一次获得奖状，还没等放学她就拿着奖状跑回家，然后等父母回来。父母也很看重这次获奖，于是父亲亲手把奖状贴在了堂屋墙的正中央。正是这次奖励，使她有了学习的积极性，从此努力学习，希望得到更多的奖励，因此学习成绩也稳步上升，最终改变了她自己的命运。

那年我们去浙江参观某古民居，村里家家屋子里都有一面功名墙，子女学习获得的成绩或取得的功名，都要书写和张贴到墙上，以此来鼓励本人，也激励后人。该村几百年间出了许多名人学子，大家参观时，都对这种做法赞不绝口。

但并不是每个孩子都能轻松获得荣誉，特别是高级别的荣誉。孩子得不到荣誉怎么办？我的建议是父母自己给孩子荣誉奖励。作业做好了，可以郑重地给孩子张贴起来，甚至写一个奖状。有了进步，也可以郑重地搞一个奖励的形式，甚至可以在家里做一个荣誉墙，也像学校一样，有进步就给贴一朵小红花。当然，这些奖励一定是真心的，也是孩子真正做好的，至少要让孩子感受到父母的真情实感。如果让孩子觉得虚假了，那就会适得其反。因此，我们的荣誉鼓励不能假，也不能太笼统，不能太概括，要切合实际。

在外孙女的幼儿园，也是过一个阶段就发一个奖励，而且人人都有，什么突出就表扬什么。有一阵外孙女画画认真，就得了个"认真画画奖"。前不久因为学习认真，得了个"最认真做作业奖"；而邻居的小孩，得了个"最喜欢洗手奖"。也就是说，荣誉鼓励也不能乱鼓励，搞得不切合实际孩子就不知道鼓励了什么，也不知道荣誉是什么，就没有了努力的方向，也就没有了荣誉感。

因此，在荣誉方面，不要低估孩子的判断能力和感受能力，父母不经意的一些虚伪和敷衍，孩子都能够感觉得到，鼓励得不正确或太概括了，也起不到荣誉的作用。比如，有人喜欢用"三好"或者"五好"来概括奖励，而孩子很可能不知道"三好""五好"指的是什么，就更难做到"三好"或者"五好"了。

另一方面，家长不要因为自己很优秀或者期望太高，就看不起孩子的小荣誉，比如，孩子得一个作业奖或者进步奖，就当着孩子的面说没意思，要求孩子得一个更大的。这样就会挫伤孩子的积极性，孩子没有了荣誉感，很难更加努力，甚至会放松对自己的要求。

培养孩子的荣誉感应该随时随地培养，也应该在日常生活中培养。首先父母要重视孩子的荣誉感，重视孩子获得的荣誉。重视了，也就能随时发现孩子的长处，随时发现孩子的优点，随时发现孩子值得鼓励表扬的地方。比如，孩子说了得体的话或做对了一件事情，都应该给予荣誉，让孩子常常具有荣誉感，这样孩子就能把事情做好。当然只有口头表扬的荣誉是不够的，想让孩子感受到荣誉的重要和家长的重视，就要有相应的表达。比如把荣誉挂起来或者放到显眼重要的位置，让孩子能够感受得到。当然也可以把荣誉发到亲属群或者朋友圈并给孩子看。

总之，父母珍惜孩子的荣誉，父母有意识地培养孩子的荣誉感，让孩子时时处处能感受到荣誉，孩子就会不断地努力，形成良性循环。

有的父母也许会担心这样做会让孩子形成虚荣和好大喜功的性格。这样的担忧也是有一定道理的。这就要求父母要随时观察孩子的行为和结果，更要分清荣誉和虚荣的区别。

荣誉是孩子努力得来的东西，也是孩子实实在在的成绩，孩子有了这个真正的成绩，才会有真正的荣誉。而虚荣是孩子没有那个成绩却有了那个荣誉的感觉，因此虚荣也是虚假的。这就要求家长要实事求是，是什么成绩就给予什么荣誉，没有成绩就不能假设成绩，也不能夸大成绩。

另一方面，如果孩子把荣誉当成炫耀的资本，有自吹自擂不思进取、不能严格要求自己的迹象，就应该及时提醒和纠正，告诉孩子荣誉只代表过去，保持荣誉才能继续有荣誉，如果吹嘘骄傲，那么荣誉就成了枷锁，就成了别人眼里的笑话，会让别人耻笑和看不起。

当然还可以讲一些谦虚使人进步，骄傲使人落后的道理。如果孩子始终有一个清醒的头脑，始终有一个正确的荣誉观，把荣誉当成自己的形象，就会不断地努力进步。

第六节　相信自己的孩子，更信任世界

学霸养成小贴士：学霸绝对不是"管"出来的，相信孩子的自制力，有时比严厉的管教更有效。

现在独生子女多，孩子在家庭中的地位就显得重要一些，父母有更多的精力来管理孩子，教育孩子，也更想把孩子教育好。但管得过多过严，孩子就会失去自我，自觉不自觉地把自己当成父母的附属，父母说什么就做什么，不说就不做也不想。更麻烦的是管多了说多了，孩子也会烦，会反抗，形成你说你的、我做我的，甚至会产生因厌烦而看不起父母、把父母不当回事的局面。

因此，在教育孩子的问题上，既不能管得太多，也不能说得太多，要做到应该管才管，应该说才说，不管不说则已，要管要说就要有用，而且让孩子明白管的道理，然后孩子才能心服口服。

这样说来，在教育孩子时，首先要把孩子当成一个独立的个体，当成一个有智慧有能力的好孩子，从而给孩子充分的信任、充分的自主权，让孩子自己去想，自己去做。让他把自己当成有能力的人，他才能自己想办法把事情做对，把事情做好。

我常在校园里散步，看到不少家长无谓地管教孩子。孩子跑几步，便喊叫让孩子慢点儿跑；孩子走马路牙子玩耍，也要呵斥批评；如果孩子故意踢土踩水玩，家长便责骂制止。总之，好像是一刻也不想停止管教，每时每刻都想让孩子按大人的想法去做，大人的思想也时时刻刻强加在孩子的身上，让孩子成为大人手里的木偶。而大多数孩子对此根本不理不睬，依然我行我素乱跑乱走，让父母的管教如同对牛弹琴。长此以往，父母所有的管教都会失去效力，孩子都会不管不顾。

要知道，我们的孩子可不是供家长指使玩乐的猫狗，我们是要把孩子培养成有思想有人格的人。因此，不管孩子多小，他都是一个独立的个体，他也有自己的想法和愿望，而且这些愿望和想法在大人眼里往往就是没道理的，甚至是荒唐的。比如，孩子爱往泥水里跑，爱爬高走低，男孩子在一起总喜欢推搡打斗，其实这些都应该是人类探索学习的天性，如果不这样做我们的身体就不会强壮。

如果我们从动物学的角度看，捕食类动物小狗小猫，会爬行时就要打斗，否则它将来就无法搏斗捕食。而食草类动物小羊小马，能站立时就要练习奔跑，不然它就是捕食者的食物。这样看来，抑制孩子玩耍探索的天性，就是抑制人的天性，是逆天而行，当然是不受孩子欢迎的。因此，对一些无关紧要的事情，我们就不要以大人的爱好和标准去过多地管束孩子，更不要过多地限制孩子的自由。

试想，如果孩子一点儿自由都没有，一点儿都不能按照自己的想法去做，一点儿都不需要自己去动脑子，那孩子就会失去自我成为木偶，也会感到生活很无聊无趣而打不起精神，长期下去，孩子就会形成什么事情自己都不动脑筋，也不主动去做，一切都依赖别人的习惯和性格。

养花的人都知道，养花不能伺候得太勤，如果天天盯着花，天天摆弄花，一会儿浇水，一会儿施肥，很快花就会出现问题。有经验的养花人总是懂得适当、适时、适量，当花确实有了干旱的迹象，确实需要水了，才浇水，而不是自己认为该浇水了就浇水。

现在的独生子女有爷爷奶奶姥姥姥爷，爸爸妈妈姑姑姨姨，很多双眼睛盯着孩子，一会儿要孩子这样做，一会儿要孩子那样做，一会儿这样做不对，一会儿那样做不行。想想看，如果孩子都听大人的，他怎么能听得过来做得过来，你说你的，我做我的，这样久了，孩子当然就养成了不听话的习惯。

给孩子留点儿空间时间让他自己玩，其实是让孩子自己学习解决问题，这样孩子自己也很有乐趣。如果父母总是干涉孩子玩耍，对孩子的玩耍这么限制那么指导，孩子就会把玩耍当成负担，这样不仅会使孩子失去玩耍的兴趣，也会使孩子养成依靠父母的习惯，长期下去孩子就会失去自主的性格，而且父母总是指点，孩子就无法自己动脑，更不会动感情，玩耍时既起不到益智的作用，也没有玩耍的乐趣。

我的性格使我很少批评女儿，女儿也很依恋我。女儿小时候，我如果坐在沙发上，她就要骑在我的脖子上玩，我把她拉下来，她就再爬上去，我累了趴倒，她就坐在我的背上。这并不是我管不住孩子，而是我知道她喜欢这样玩，我不想扼杀她的乐趣，更不想让她体会不到生活的美好和父母的可亲。

因此我一般很迁就女儿，女儿也很听我的话，也很愿意为我和家庭付出。但如果女儿犯了错误，我也会严厉地批评教育，看到我严厉，女儿也会感觉到问题的严重，也愿意认错改正。她的母亲就比我管得多一些，也严厉一些，女儿对她母亲教育的认可度就小一些。我们现在有了外孙女，姥姥对外孙女管得多一些，外孙女就说姥爷比姥姥好，更喜欢和我玩。有一次，姥姥又严厉了一些，外孙女就不愉快地说姥姥不好，要把姥姥送回中国。

其实我的妻子管教孩子既不唠叨，也不整天管束，更不随意批评，再加上女儿一岁以后就只有我们俩自己带，没有众多亲人的管教和宠爱，这样她自己玩的时间就更多一点儿，她自己的事情基本上由她自己去做，这样她的独立性从小就强一些，自己的事情自己管的自觉性也好一些。

我们不过多地干涉孩子，放手让孩子做一些事情，其实也是培养孩子的自我管理能力和自我约束能力。不要小看这些能力，孩子自己的事情自己去做，孩子才能用心去做事，才能把事情做好，才能不什么事都不管不操心，不事事都依靠家长，才能独立。

女儿去美国后，生孩子时我只去伺候了几个月，然后就只有女儿女婿来应对一切了，而且从怀孕到生孩子，女儿每天还有更重要的任务，就是努力学习考法律博士，考上后又是同样繁重的学习任务。想想看，在异国他乡，一个人既要考试又要学习还要生孩子带孩子，而且都完成得很好，这需要多么强的独立意识和毅力，如果没有点儿自立自强的"童子功"，想想就吓住了。

总想让孩子按父母的意愿去做，就少不了管得过严过细，也少不了随意批评指责孩子。要知道，孩子和父母毕竟是不同的人，孩子不可能事事都和父母想的一样、做的一样。这就少不了矛盾，父母不妥协，孩子也不妥协，矛盾就会激化，这也是教育不好孩子的一大原因。

试想，用矛盾敌对的心态去教育孩子，孩子怎么能够接受呢？即使被迫接受，孩子心里不满，也会想出应对的办法。因此，对于无关紧要的事，父母最好不要去过多地干涉孩子，让孩子有一个自己的世界，有一个自己的思想，有一块自留地，让孩子在这块土地上耕种，在这块土地上生长。这样他不仅能学会耕种，学会创造，也能茁壮成长，长出果实，会有丰收的喜悦，也会有自我的价值。

父母更不要随意批评指责孩子，批评和指责是不得已的办法，父母都要慎重使用，即使批评，也要讲清道理，以理服人，这样才能起到好的作用。随意批评，孩子就会把批评不当回事，甚至会破罐破摔。但不少家长认为小孩子自尊心不强，往往会当着众人的面指责孩子，甚至当众说孩子的坏话，也就是传统的"当众教子，背后教妻"。

其实这是很不好的教育方式，是在打孩子的脸，也是在伤孩子的自尊心，只能让孩子更没自尊，更没脸皮，次数多了，孩子就会不要自尊，也不要脸皮。没有自尊和脸皮的孩子，是很难教育的孩子。

也有父母随意评价议论孩子，而且评价议论时并没真正思考判断是否恰当，也不考虑对孩子的影响，就是由着自己的性子随便议论说道。

有这样一件事，一个孩子偷偷把班里的锦旗拿回了家，家长发现后觉得这事麻烦，就想了一个"聪明"的办法，把锦旗洗干净，然后陪儿子把锦旗拿到班里，告诉老师说儿子想做好事，就把脏了的锦旗拿回家洗干净了，于是老师当场表扬了儿子。家长说这些时，儿子就在一旁笑。然后家长又训斥儿子，说儿子不听话太调皮，整天就想着干坏事。但儿子仍然无所谓，好像母亲在说别人。像这样教育孩子，家长自己都没有是非观念，孩子怎么能改正错误？孩子怎么能有羞耻感？

也有人总是拿自己的孩子和那些他认为优秀的孩子比，然后说自己孩子的不足。俗话说，人比人活不成，比较的结果当然是既伤自己的心，也伤孩子的心，从而使孩子失去信心，甚至让孩子有了憎恨的心理。

比如，有一个熟人得知我的女儿考上了北大，就立即说自己的女儿不行，太笨，已经补习了一年，考试成绩反而倒退了十几分。她女儿当时就跳了起来，然后哭喊着说："你不笨怎么生下了我这么笨的女儿？我笨就是你遗传的，谁让你生下我这个笨蛋。"我们一下都很尴尬。这样说多了，孩子会把父母对自己的不满意转化为敌对情绪：反正什么你都不满意，反正我什么时候都不如别人，干脆我就放纵自己，你说你的，我干我的。

给孩子充分的自由，就是信任孩子，就是尊重孩子，就是培养孩子独立自主的能力，就是培养孩子动脑动手的能力。有了这些能力，孩子才有真正的本事，我们让孩子努力学习，其实就是在培养这些能力。

我的父亲当年来到内蒙古的一个乡村，那时父亲基本不怎么管孩子，母亲自然也是放手让我们随意去做。那年我十一二岁，八月十五时母亲炒了一堆葵花子，这都是在自留地边角地块种的，母亲觉得这么多自己吃浪费了，很可惜，我便自告奋勇要拿到建设兵团连队去卖。那天兵团的知青有近百人在地里掰玉米，我提着一筐葵花子来到地里，一下就有十几个知青围了过来，不少人上来就抓了吃，我急忙护住不让吃，一个知青就踢我一脚，说不让尝怎么知道能不能吃。

这时一个女知青过来大声说没钱买就别欺负孩子，然后问我三块钱卖不卖。我当然高兴，她就解下一个大围巾铺在地上，让我把瓜子倒在围巾上。我拿了三块钱后几乎是一口气跑回家，全家人都很高兴。

从此我信心大增，胆子也更大，敢拿鸡蛋等东西到县城去卖，小小年纪就成了村里的另类。这个胆量和自信，对我以后的成长起了至关重要的作用。

我进入师范学校不久，全校举办讲故事大赛，我自告奋勇参赛。因为我从小就喜欢看书听广播，自信心也足，上台讲得很放松，内容选得也很好，过后校长就对班主任说我行，让我当团支部书记。

那时我们的口粮定量是每月三十一斤，而且百分之三十是粗粮，也没什么副食，吃饱肚子当然是一个最大的问题，因此我们学校也发生了因为吃不饱饭而闹罢课的事件。上面领导来了后，召开了一个学生干部参加的会议，会上那位领导问我们学生干部有什么具体原因，有什么具体问题。因为之前有学生说食堂有鬼，饭被鬼吃了，因此谁也不敢说话，校长便让我说。

我一点儿都没害怕，我不知怎么张口就说一是因为粮食太少，二是因为饭菜的花样太少。我的话音刚落，那个领导猛地一拳砸在桌子上，喊着说："对，就是因为饭菜花样太少！为什么不把馒头做成长的方的卷的？为什么不把面条做成拉的揪的削的擀的压的？"散会后，校长又对班主任说我行。以后我也因为自信、胆子大受益不少。

我的外孙女和她妈妈一样，一岁八个月大进幼儿园，从此许多事情都得由她自己来应对，这也从小锻炼了她的自理能力，也使她从小就比较自立，比较自信，容易和大家亲近融合，性格也开朗大方，哪个老师稍微亲近一下她，她就和哪个老师很亲近，让人家抱，和人家玩，也和人家聊天说家常。

　　老师也比较喜欢她，做什么事她的自信心也很足。画画唱歌，就觉得自己能够画好唱好，不仅学得认真，也很卖力地去做。学钢琴后，自信心还是很足，常常自己去练习，而且认为家里的钢琴就只是她的，别人动一动她都心疼。几次上台表演，她没有一丝胆怯，而且上台行走的步伐、表演后的鞠躬致谢，也学明星们的架势，博得台下一片掌声。因此我就想，培养孩子的自主自立能力，要充分信任孩子，孩子有了自信心，不仅能增强各方面的能力，也能形成自信活泼的性格，成为一个有能力而且性格活泼可爱的孩子。

　　在一次教育孩子讲座会上，我开头就说在孩子面前太强势的家长教育不好孩子，因为家长强势，就会要求孩子什么事都要按家长的想法去做，从而剥夺了孩子的自主学习能力，孩子就不会去自己想和做，更没有做好的积极性。这样教育出来的孩子，性格也会表现出没有主见、唯唯诺诺、患得患失，而且永远也长不大，进入社会也显得没有出息。大家听后都觉得有道理，会后也就这个话题展开了热烈的讨论，大家都发表了许多类似的看法。

第七节　未来由自己创造

学霸养成小贴士：没有谁是"天选之子"，与其相信是非命运，不如相信孩子自己，拼搏决定未来。

许多父母都想提前知道自己孩子的未来，当然也希望孩子有一个美好的未来，这个愿望体现在传统习俗"抓周"中。"抓周"就是在孩子过周岁生日的时候，在孩子面前摆一些文具、印章、钱币、鞭子、苹果一类的东西，然后让孩子来抓，孩子抓住什么，就代表孩子未来的命运是什么。比如抓住文具，就预示孩子将来很有文才能当文官；抓住鞭子，就预示孩子将来要放牛种地；抓住苹果，就预示孩子会一生平安。

"抓周"的结果父母未必真信，但既然这样做了，那就肯定会在父母的心里留下印象，或多或少也会影响对孩子的看法。如果孩子长大了，父母把抓到的结果告诉孩子，就可能会影响到孩子的心理，甚至会真的影响孩子的一生。

我有一位亲人，他大年初一出生，而且刚好是在大年初一天亮人们要接神的时候出生，因此人们都说生在这个时候的孩子是神童，一生注定要大富大贵。后来又有算命先生说这个孩子的命特别好，会富贵一生。巧合的是这个孩子确实聪明伶俐，从小就能说会道，很会交往，小学时学习很好，无形中也是周围孩子的小领头，这样更让父母坚信孩子确实是神仙送来的贵子。

于是父母特别宠爱迁就这个孩子，但孩子因为知道自己命好反而不努力进取了。比如上了初中，学习成绩明明不断退步，整天和那些三朋四友闲玩胡混，但父母还是睁一只眼闭一只眼，不认真管束提醒，甚至认为这是富贵命运的表现。而孩子自己也认为命好就够了，在学习上更不努力，认为差不多学一下就能考个大学，接着找个好工作，一步步发达起来。

孩子第一次高考落榜后，父母和孩子仍然没有清醒过来，认为补习一年，说不定能考个很好的大学。第二次高考又落榜，全家人仍然没有完全放弃命好的幻想，仍然觉得不上大学，做其他工作也会有好的未来。正是这种误导，让他一直没有努力奋斗，也让他养成了懒散的习惯，导致他之后的生活坎坷而艰难。

另一件事是有一个女孩生肖是羊，按当地迷信的说法，"女孩属羊，一辈子爬床"，意思是说女孩子属羊，一辈子穷困不能翻身。后来在这个女孩身上又发生了一次意外，父母更认定属羊的女儿命苦，而且常把这样的话挂在嘴边。

那年暑假我回去，女孩便找我，问属羊的女孩是不是真的命苦，有没有科学依据。我立即给予否定，而且明确告诉她根本没有半点儿道理。我告诉她，中国一年要出生一千多万人，也就是说，属羊的女孩一年就有大几百万。这么多的人，命运怎么会一样？即使真有个老天在安排命运，这个老天也忙不过来，而且她的女同学，大多和她一个生肖，她能确信所有同学的命运都是一个样子吗？

然后我还告诉她，人的命运要靠自己的努力来争取，虽然努力的程度一样取得的成果不一定一样，但只要努力了，总会有所收获。反过来，如果不努力，天上肯定不会掉馅儿饼。然后我还鼓励她要用实际行动来回击"属羊命运不好"这个谎言，也让她的父母看看，让他们受一点儿教育。

那天女孩很是感动，一下子对自己的未来充满了信心。过后我心里仍然放不下这件事情，因为女孩问我时已经在读中学，她专门问我命运，可见这个属羊的命运对她已经造成了多么大的心理压力，而且不由得让我想到了鲁迅笔下的祥林嫂。为此我专门和女孩的母亲谈了这件事，也不客气地批评了她。后来，女孩果然考上了大学，也有了一份理想的工作。

我这里不想讨论命运，但我要说的是，如果家长相信命运，并且把预测的命运告诉孩子，不管命运是好是坏，其结果只能是害了孩子，而且对孩子的危害极大。相反，如果不相信命运，只相信自己的努力，遇到挫折，也能用努力来和命运抗争，这样的孩子，就是命运打不倒的孩子，也是天天向上，天天有收获，处处越来越好的孩子。

有一部苏联电影，名字叫《莫斯科不相信眼泪》，说的就是一个不向命运低头的故事。其实生活中哪里都不相信眼泪，只相信奋斗和拼搏。

我的女儿刚懂事时，我就告诉她父母都是很普通的人，只能在精神上给她一点儿力量，她的未来，都要靠自己来努力，而且我们要一起努力。我的女儿确实是这样做的，她从幼儿园开始就是努力的，就是严格要求自己的，而且也是有方向、有目标、有使命感的。由于经常握笔，女儿中指一侧有一个厚厚的老茧疙瘩，她经常下意识地揉搓这个疙瘩，这时我也会抚摸她这个疙瘩，抚摸时我的心在流血流泪，但我什么都无法说。有一次，我只能含着泪告诉她，这是一个智慧的疙瘩，将来会变成财富的金疙瘩。

女儿要考法律博士，那时也生了小孩，而且是剖腹产，生产六七天后，她就开始学习了。孩子满月几天后，她就要到图书馆去借书。因为家里的车被女婿开着上班去了，她只能走着去。她走后我在手机上查地图，家到图书馆来回要步行五十四分钟。女儿为求学付出的努力可见一斑。

我女儿也是这样要求教育她女儿的。外孙女会玩耍时，女儿就给她安排作息时间，而且尽量安排得科学合理。现在，四岁的外孙女要在网上学汉语、学绘画，同时还要学钢琴，她每天的时间基本被安排成了"三三制"，即睡眠占八小时，吃喝和自己玩耍占八小时，学习占八小时。

小小年纪就要承担如此繁重的学习任务我是很心疼的。有一次，我和同事说起这个问题，我的同事立即表示说我们爷爷奶奶辈的只知道心疼孙子孙女，别的就什么都不管，将来的社会竞争会越来越激烈，从小不努力将来怎么办？我无言以对。

想想我，我何尝不是天天都在拼命努力。这几十年我就没有浪费过时间，而且越老越珍惜时间，每天的时间我都要仔细安排到最大限度。妻子多次跟人说我过年都没休息过，我知道她说的是过年我虽然不写作不看书，但我的脑子没休息，抽空还在想我的小说，她喊我几声我都听不见。正因为我们不相信命运，更不想向命运低头，虽然这一路坎坷，但总体是在向上发展，生活和工作也都越来越令人满意一些。

如果相信命运，就会把自己的未来交给那个看不见、摸不着、靠不住的命运，就是拿自己的一生来做一个摸奖式的赌注，不管觉得自己的命好还是命坏，都会放弃努力。这当然是不明智的，也是可怕的，因为摸奖还可以再来，人生却无法回头。

因此，命运的事，还是交给自己可靠，还是由自己来把握可信。如果孩子从小就努力，即使物质上不富有，精神上也会充实，也能过问心无愧、自我满足的生活。如果孩子相信命运，认为命好就够了，白白等待那个好运也是一种煎熬；如果认为命不好，痛苦和无助更会让孩子一生苦恼。

我们学校家属区有个小菜市场，终年有七八个人在那里卖菜。其中有一个四十多岁的中年人，每天都要到对面的彩票投注点买一张彩票，如果做了好梦或者认为那天是黄道吉日，便买上两三张。因此他的心思并不在卖菜上，有人和他打牌就打牌，无人和他玩他就缩在三轮车前无精打采。

而一边另一个卖菜的，年纪比他大一点儿，也胖一点儿，每天都热情高涨，招呼顾客的声音也大，不停地招呼行人，嘴也很甜，只要有人过来，他就热情地介绍他的菜，而且价格也比别人稍微便宜一点儿，人们当然就喜欢买他的菜。几年后，买彩票的那位好像没中什么奖，依然坐在脚踏三轮车前无精打采地卖菜。而胖点儿的卖菜人，已经买了一辆大卡车，在车下支了一个棚子（更像一个卖菜的店铺），人们也开始叫他老板。

不想被命运摆布，就要从小告诉孩子，幸福是奋斗出来的，命运是拼搏出来的，命运只相信奋斗拼搏。这就要教育孩子时时刻刻要和侥幸心理做斗争，不要相信会撞好运，不要存在侥幸心理。比如说考试，有些学生不想着怎么踏实学会，而是想着考试也许不会难，也许会考到自己熟悉的题目，然后猜题押题，甚至在各处收集历年的考题或者在网上购买所谓的题库。有了侥幸心理，就总想找窍门、钻空子。这对孩子来说，是一种懒惰和投机，如果孩子有这些侥幸心理，做父母的就应该认真观察仔细分析，然后给孩子讲明道理，讲清楚命运的虚渺和不可靠，讲清楚一切都得靠自己踏实的努力才能得来。

但仅有这些还不够，在平时生活中就不能让孩子有碰运气的投机想法，更不能让孩子尝到碰运气得来的甜头。如果碰运气让孩子尝到甜头，孩子就会继续尝试，而且会有一种碰运气的惯性心理。有了这种心理，孩子就会逐渐松懈甚至放弃努力进取。

1990年北京举办亚运会，当时国家发行亚运彩票来为亚运会筹钱，除自愿购买外，我们单位还给每个职工摊派了2张。因为那时彩票刚刚兴起，大家的热情都特别高涨。然后就说谁中了一辆价值2万多的小货车，谁中了一个大彩电。当时就有人说他要买一辈子彩票，等着中奖发财。

暑假我们全家去北京，带着孩子去参观当时最宏伟漂亮的建筑——亚运村。看到一辆宣传车销售亚运彩票，车顶上的大彩电和自行车也让我们心动，于是我就指着上面的奖品对女儿说："你手气好，你去抓一张。"这样刚满三岁的女儿便信心十足摸了一张。当刮开彩票什么也没有时，女儿一下哭了，而且哭得很伤心。

几天后回到我们学校，校园里也来了辆卖彩票的宣传车，上面同样有自行车、彩电、洗衣机什么的，这时妻子让女儿去摸，女儿立即大声说"不"，然后转身就跑。我当时细想，觉得女儿摸彩票什么都没中倒是个好事，如果摸到什么，孩子就会尝到甜头，即使不时时想着再摸一张，也会觉得自己命好、手气好。这样会让孩子产生赌博心理，也会让孩子有一颗侥幸碰运气的心，肯定会对孩子有负面影响。

过后我和妻子说了我的看法，妻子也说以后再不能让孩子做这种事，以后我们也不能做这种事，而且还要给孩子说明，这种碰运气的事是最不靠谱的，要想得到什么，就要踏踏实实地去努力，踏踏实实地去奋斗。

我还想说的是，让孩子碰运气甚至赌命运的事在日常生活中随处可见。比如父母打麻将，如果孩子在身边，有时父母会说孩子的手气好，来替妈妈摸一张牌。还有孩子考试前，有的父母会帮孩子画复习重点甚至猜题押题；也有的父母会在孩子高考时讲一些迷信，要孩子穿什么衣服戴什么首饰；更有甚者会领孩子到寺院烧香磕头许愿。我们暂且不说这些有没有用，这样做至少会给孩子带来心理压力，也制造了紧张气氛。

要知道，像考试这类事情，心情越放松脑子越好使，心情越紧张脑子越糊涂，也越会犯错误。我女儿去北大参加自主招生考试后，就对北大中文系那个小院落仰慕不已，在那里拍了许多照片。拿到预录通知后，很快就紧张起来，常常会问我万一高考分数不够怎么办。这样的心情就让她在高考时犹犹豫豫怕出错，结果就考得比平时差很多。

当然，父母相信命运也会给孩子带来负面的影响，让孩子产生赌博和侥幸的心理。有了这样的心理，即使孩子仍然会努力，也会时常分心不专注。我上班要路过学校的那个彩票投注点，每当看到学生在那里投注，我的心情就有点儿沉重。有时我就在课堂上讲，不劳而获永远都是妄想，不明白这一点的人就不是聪明人。不说你琢磨彩票浪费时间，假设中奖了，猛然得到一大笔钱你干什么？而且我还告诉大家，愚而多财历来就是祸事，中奖后挥霍或者再赌而倾家荡产的人不在少数。

有个纪录片就记述了一名男子中五百万大奖后，继续买彩票，结果花完那五百万再没中一分钱，于是便借钱骗钱再买彩票，最后把自己送进了监狱。这也充分说明，钱财本身不能给人带来快乐，能给人带来快乐的，是付出的努力和成功的喜悦，付出的努力越多，成功后带来的喜悦也就越大，迷信好运和相信命运不好，都会带来消极影响，到头来只能害了自己。

我们生活在一个纷繁复杂充满未知的世界，而且生活也像万花筒变化无常，有时让人完全不考虑命运，什么情况下都不相信命运也难，但父母要告诉孩子的是，命运就掌握在自己的手里，自己的命运要靠自己来改变。虽然生活中有许多偶然，但偶然不是常态，偶然也不是命运，命运就是你的奋斗过程，命运也是人的一种心态，心态轻松自然，即使遇到挫折，也会坦然应对，甚至能够变坏事为好事，变坏运为好运，这才应该是命运的真相。

如果说得更直接一点儿，孩子的命运就掌握在父母的手里，也掌握在孩子的手里，只要父母精心地培养孩子，科学地培养孩子，孩子按照正确的方向和道路努力，就会有一个美好的命运，至少会有一个让父母放心的性格和思想。如果父母不努力，不精心教育孩子，而是靠算命，或者相信孩子的命运，那只能是耽误孩子，从而毁掉孩子的一生。

第八节　艰苦奋斗，克服享乐主义

学霸养成小贴士：宝剑锋从磨砺出，梅花香自苦寒来。

学霸不是天生的，而是艰苦奋斗拼出来的。

都说男孩子要穷养，女孩子要富养，大概是说穷养的男孩子知道奋斗，富养的女孩子气质高贵、大气，眼光高、心胸也开阔。男孩子穷养我赞成，女孩子富养我认为不一定可取，如果把女孩子富养成娇小姐，没什么本事却自以为高贵，眼高手低，高不成低不就，那才真正害了女孩子。

我倒更相信穷人的孩子早当家。我这里说的穷，不是说经济困顿，而是即使有钱，也不以钱财为傲，不让孩子把钱财看得很重，至少不让孩子把心思放在钱财的享受上。因此，不管家庭情况如何，都不要让孩子过分讲究，更不要向孩子炫耀财富，不能让孩子把富有奢华当成荣耀。

我几十年一直在学校工作，发现凡是学习刻苦成绩好的学生，穿着打扮都很朴素，不刻意追求穿着打扮，因为他们的心思不在这些上。而刻意打扮得花枝招展或者打扮成一副奢华样的孩子的心思就基本都在打扮装饰炫耀上，心里也充斥着炫耀带来的自豪和满足，当然没有太多努力学习的心思。

更糟的是如果孩子知道父母有钱有势，知道父母能够满足自己将来的一切，他就会产生依赖心理，会变得骄横霸道，这样的孩子不但自己不会努力，还会仗势欺人，惹出许多麻烦，甚至成为败家子。古人说不以钱财害子孙，俗话也说富不过三代，这当然是人类千百年来生活实践经验的总结。

因此，那些能够将富贵和美德延续下来的家庭，当然都是懂得教子的家庭，他们即使家财万贯，也绝对不让子孙穷奢极欲，而是逼迫其艰苦奋斗。反之，他们的后代就会变成纨绔子弟败光家财，真正成为被钱财所害的子孙。

因为我和妻子都是艰苦奋斗走出来的，再加上我们经常对女儿进行这方面的教育，我女儿从小就懂得生活的艰辛，从不追求奢侈，平日基本不化妆，更不和别人攀比，她自己开玩笑说她是天生丽质，独此一人，没有必要化妆假冒，也没有必要靠衣服来衬托自己。

女儿要上小学时，我们给她买了一双皮鞋，回家后才发现一只号大一只号小。大号的还可以凑合，小号的就有点儿顶脚。我们就决定给女儿重新买一双，但女儿坚决不同意，说鞋撑一阵就大了，至少可以将就着穿半年，她就这样穿着一只大一只小的鞋上了半年学。

还有一件事也能说明我女儿的懂事。那年女儿上初中，学校组织他们去春游，而且要在外住一晚上。走时她妈妈要她多拿点儿钱，她说拿多了还得操心。女儿回来后，除去住宿费，只花了八九块钱的吃喝费，剩下的钱都交给了她妈妈。过后我打听，他们许多同学都买了玩的东西，也花钱玩了游乐项目，有的同学甚至花了几百块钱。我告诉女儿用不着这么节约，女儿说她觉得买那些都没意思，她也不需要，用不着乱花钱。

这我当然明白，因为一方面女儿的心思不在那些物质和玩乐上，另一方面她也知道父母挣钱很不容易，知道父母生活的艰辛。女儿懂得这些，也就懂得疼爱父母。知道疼爱父母的孩子，自然是懂事的孩子，也是肯努力的孩子，因为孩子懂得，自己的努力可以减轻父母的负担，可以让父母省心，也能为父母争得荣誉。孩子有了这样的爱心，一切教育都好办得多，以后孩子的事也好办得多。

我女儿大四实习时，她就考虑如果不能读研怎么就业，于是就自己找了区团委实习，目的也是想找就业的机会。读研究生时，为了给家里省钱，就自己在中关村微软亚洲研究院找了一份兼职，每天不用去坐班，只在网上处理一些事情就行，每月能挣到四千块钱，和我们的工资差不多。这样省心的孩子，真的是我们的骄傲。

但培养孩子艰苦奋斗，并不是把孩子培养成小气鬼，相反，艰苦奋斗是让孩子懂得生活的不易，懂得父母的艰辛，懂得奢侈享乐的愧疚，懂得奉献他人的美好。孩子有了这样的性格，孩子就处处显得体面大方，也处处也显得自豪自信。

让孩子艰苦奋斗是让他克服享乐主义，克服奢侈骄逸。但如果孩子只懂得艰苦，那么他就会太珍惜金钱和物质，心胸就会太小，目光也会太短浅，显得小气吝啬，做事也会畏首畏尾，从而没有大心胸大气魄。这样的孩子是没出息的孩子，也是让人看不起的孩子。

现在独生子女多，富裕家庭多，一身名牌的孩子也多。孩子穿一身名牌，自然要显示他的名牌，心中也会有名牌的傲气，甚至时时想着到处显摆。如果孩子把心思放在奢侈的享受上，就会无心学习，甚至可能会招惹出麻烦。

要让孩子从小就懂得一切美好的东西都是心血汗水换来的，都要付出艰辛的努力，不努力，就什么也没有，奢侈浪费，就会丧志败家。但这一切都不能单说教，而是让孩子在日常生活中体验，靠父母的表率教导，即使父母很富有，也要表现出对财富的珍惜和敬重，要让孩子知道财富的来之不易，知道财富是奋斗得来的，财富是劳动的结果。

同时也要告诉孩子，财富并不是最重要的，最重要的是精神的富有，是艰苦奋斗取得的成就感。孩子有了这样的财富观，才不会奢侈骄横直接追求财富，而是会追求获取财富的本领，追求精神的满足。

第三章

培养孩子良好的学习习惯

　　学霸的养成不是一蹴而就的，良好的学习习惯能照亮孩子前进的道路，让孩子终身受益。

第一节　尊敬老师是尊重学习的第一课

　　学霸养成小贴士：师道既尊，学风自善。每一个学霸孩子都是尊师重道的。家长要做的就是让孩子明白老师在他的学习生涯中有多重要。

　　孩子之所以能认真听老师讲课，是因为他觉得老师很有学问，老师懂得的多，老师的话是对的，老师很厉害。如果孩子不尊敬不崇拜老师，也不看重老师，或者觉得老师没水平，从心眼儿里讨厌老师，孩子就不会跟老师学，也不会认真听讲，甚至会在心里和老师作对，用恶作剧和老师斗气，这样孩子的学习成绩就不会好。学习不好，又会受到老师的批评，导致师生情绪对立，形成恶性循环，最终受害的将是孩子。

　　我教过小学生，也教过中学生和大学生，即使是大学生，也有这方面的现象：学生崇拜老师，或者和老师关系好，学生就愿意学老师的这门课，也愿意学好；相反，如果学生和老师关系不好，学生不仅会厌烦老师，也会厌烦老师讲的这门课。

　　那么如何让孩子尊敬老师崇拜老师呢？这就要我们父母在孩子

上学前多做一些功课，多用心引导孩子，在上学前就要给孩子灌输一些尊敬老师崇拜老师的思想。比如告诉孩子，在家里爱护他的是爸爸妈妈，去了学校爱护他的就是老师，老师和爸爸妈妈一样，都是保护他的人，都是爱护他的人，都是引导教育他的人，而且老师很有学问，是专门教他学习的，去学校上学，就是跟着老师学知识、学本领，有什么知识没学会，什么事情不知道，都可以问老师，就像问爸爸妈妈一样。

当然，也要和孩子讲清楚，老师和爸爸妈妈不完全相同，老师要管那么多孩子，他们忙不过来，不可能只教他一个人，也不可能只爱他一个人，更不会娇惯他，有时候会对他照顾不周，有时候也会错怪他，也会批评训斥甚至讽刺责骂他。但老师的出发点是好的，都是为了学生好，所以一定要理解老师，更不能记恨老师，而是要适应老师，听从老师，受到了老师的批评，就要改正错误。

同时也要告诉孩子，如果老师批评错了，他可以向老师解释，但不能顶嘴，如果解释时老师生气了，就不要再争辩，最好回来告诉父母，让父母去和老师沟通。这些都讲清楚了，孩子心里就有了底，也会有一个比较正确的认识，遇到问题就有办法应对，不会轻易怪罪老师，也不会轻易认为老师不好，更不会故意和老师作对捣乱。

除此之外，父母还必须要讲一些尊敬老师的传统故事，比如孔子和弟子的故事、汉明帝敬师的故事、唐太宗教子尊师的故事和程门立雪的故事。"一日为师，终身为父"这样的传统思想也可以讲，然后讲一些现代杰出老师的事迹，再具体讲到要给自己孩子带课的老师，讲他们桃李满天下，讲他们如何有能力，如何有学问，如何可敬可爱。

讲这些时，虽然不能无原则地拔高（无原则拔高会让孩子失望），但也要尽量介绍老师的特长和优点，至于你认为的缺点，最好不讲，讲也要从正面讲。比如说某老师爱挖苦学生，你就可以真实地告诉孩子，然后从正面引导解释，说老师这样做也是负责任的表现，他是恨铁不成钢，是希望学生都做得更好。这样孩子就不会小看老师，也不会不尊敬老师。

多讲老师的优点，就会在孩子心里留下老师崇高可敬的印象，有了这种印象，孩子不但会尊敬老师，也会认真跟老师学，而且会想方设法学好，以此不让老师失望。

女儿小学四五年级时，有一次她写了一篇作文，题目我记不清了，内容大概是写她的语文老师很辛苦，很敬业，生病了还要给他们上课，他们心里很感动也很心疼，以后要向老师学习。起初我并不知道她写了这篇作文，过后是他们的语文老师告诉我，说读我女儿的作文时，她被感动得哭了，她为学生能这样理解她而感动，也为学生这样热爱她而自豪，然后还夸我的女儿懂事，是少有的好孩子。

晚上我看女儿的作文，确实写得令人感动，也能看出是女儿的真情实感，因为那时女儿还小，她不会刻意去阿谀奉承，她之所以写这些，其实就是我们平日教育她尊敬老师的结果。她心里有尊敬，就会用尊敬的正面的眼光看问题发现问题，然后写出自己的感受。

对孩子来说，往往是父母说什么他心里就有什么，父母心里有什么孩子心里也会有什么。我们平日对老师赞美，孩子当然心里也会这样认为。我女儿的作文感动了老师，这位老师当然会对我的女儿好，会特别关注我的女儿。这样我的女儿也会更加热爱这位老师，更加喜欢这位老师讲课，更努力地去学好这位老师的课。这样良性循环，孩子当然会有一个好的成绩。

尊师重教是中华民族的优良传统，也是我们的先辈总结出来的宝贵经验，因为先辈们明白，学生尊敬老师，老师才能受到鼓舞，才能更加爱护学生，才能真心用心去教育学生，老师才会把自己的真才实学拿出来，才会把自己最宝贵的知识传授给学生。如果学生不热爱老师，老师的热情就会受到打击，即使能够正确对待教学工作，也很难有热情去爱学生教学生，事情可能就非常糟糕。

那年我们去浙江宁海的一个古村落参观，导游告诉我们，这里的人一直有尊师重教的好传统，也一直出光宗耀祖的优秀学子，因此，一般人家都要在屋子最显眼的地方留一个功名墙，子女有了功名就张贴在墙上，世代保存。导游说如果有人家功名墙上张贴了外姓人的功名，那么这家人必定是有人做过老师，学生得了功名后，为感谢老师，把功名榜送到老师家张贴，意思是说所有的功名都归功于老师。

我听后不禁热泪盈眶肃然起敬，想到中华民族的传统美德，想到古人求学求知的不易，想到中华文化绵延不绝发扬光大的原因，也想到那些教过我的老师，也自责曾经对老师的不敬，想到回去后一定要把这件事告诉我的女儿，让她尊敬老师，听老师的话，跟老师学，还想到自己也要做一名好老师，尽最大的能力把学生教好。

我曾多次对我的学生讲这件事，告诉我的学生要尊敬老师，如果不尊敬老师，不是不尊敬老师这个人，而是不尊敬知识，不尊敬自己的学习。

我的外孙女一岁八个月就得去幼儿园。想想看，异国他乡，这么小的孩子，语言不通，那个幼儿园又没有会汉语的老师，连说汉语的孩子也没有，孩子去了怎么交流？怎么诉说？怎么适应？而且美国那里的房子大都是独门独户，人们很少来往也不出门玩，因此外孙女见到陌生人就有点儿害怕，更不敢和陌生人接触和说话。

在送孩子去幼儿园前的好多天里，我们都很纠结，也很担心，但必须得送她到幼儿园，否则没人照顾她。我们只能做孩子的工作，只能反复讲去幼儿园的规矩，特别讲怎么爱老师，怎么和老师相处。我告诉外孙女，在家里有爸爸妈妈，在幼儿园有老师，老师就是妈妈，有什么事要找老师，有什么想法也要告诉老师，然后听老师的话，按老师说的去做。因为反复讲，孩子有了一定的心理准备，去幼儿园时没哭也没闹。

但光讲这些还是不够。那天她妈妈把孩子送到幼儿园，妈妈告诉她下午就来接她回家，孩子就一直坐在那里等妈妈接，老师让挪个地方她就哭，但老师又听不懂她说什么。连续这样两天后，老师说孩子有点儿怪，坐在那里不动更不肯换地方，也不吃东西。妈妈细问孩子，才知道是怕换了地方妈妈接她时找不到她。

我听了心都缩到了一起，但我们没有别的办法，我和她姥姥都得回国上班，我们能做的，只能是再做外孙女的工作，再一遍遍告诉她幼儿园老师也是妈妈，在幼儿园一定要听老师妈妈的，要时时跟着老师妈妈，老师妈妈让吃饭就吃饭，让睡觉就睡觉，让去哪里玩就去哪里玩，一直到天快黑时，妈妈才能接她回家，而且她在哪里妈妈都能找到。我感觉这还不够，还应该让幼儿园的老师抱抱我的外孙女，让她有跟妈妈相处的感觉，至少面对老师不再陌生害怕。

第二天女儿送孩子去幼儿园，就请老师抱了她，也亲了她，情况一下就好多了。我们回国后视频，女儿说孩子一去幼儿园就让那个老师抱她，而且那个老师也好，常常把她抱在怀里，很快两人就互相有了感情，外孙女很依恋那个老师，那个老师也喜欢我外孙女，常常把她抱在怀里，孩子一下子变得很喜欢去幼儿园，去了也听话。我从他们发来的视频上看，班里组织唱歌跳舞活动，外孙女唱得跳得很认真，也很快乐。

我们学校的教学楼每层都有一间教师休息室，课间休息时，老师们就会聚到一起，年轻老师们常谈起自己孩子的教育情况，有不少老师对他们孩子的老师或多或少有些批评意见，有的甚至全盘否定。谈论最多的就是孩子的老师文化水平低，批阅作业不认真，常批错不说，也不写评语。说孩子的作文明明写得很好，老师却给了低分，有些话明明是通顺的，老师却给删掉说不通。我理解他们的心情，也知道他们自己文化程度高，期望值也就高。

这时我总要告诉他们，千万不要在孩子面前讲老师的不是，如果孩子听了也觉得老师不好或者水平不高经常出错，那么他就会怀疑老师说的话，进而不听老师的话，也不听老师讲课，学习当然不会认真努力，最后吃亏的也是自己。不少同事虽然也能意识到这个问题，他们还是说孩子应该有怀疑老师的态度，只有怀疑才能辨明是非。

我觉得这个道理对大学生来讲是对的，因为大学生的学习任务就是辨明是非，而对小学生来说，他们的学习任务主要就是接受知识，他们还没有太多怀疑和辨别的能力，只有知识多了才有辨识的能力。而且教小学生，老师的教学方法往往重于老师的文化知识，如果老师自认为知识渊博，滔滔不绝讲一节课，结果孩子一点儿都没听懂，一句都没记住，这些知识对孩子来说就等于零。

因为小学生的记忆能力和理解能力都弱一些，持续专注的能力也不强，因此小学老师讲课时需要不断地重复，而且需要很形象地传授，每节课都不能教得太多，往往一节课只能解决一两个问题。老师往往还要负责维持课堂秩序，随时掌握学生的理解情况，还要想办法把学生的注意力吸引到黑板上来。所以当小学老师很不容易，小学老师需要的知识当然也和大学老师完全不一样。

在我读师范学校的最后一年，有所小学同时有三位老师得了大病请了长假。那时老师紧缺，学校便向上级教育主管部门要人，教育部门便决定从我们毕业生中选出三个人到那所小学去代课。我被选中后，教学的热情当然特别高涨，于是便使出浑身的本事和热情，起早贪黑查找资料，恨不能把脑子和书本里的知识一下全倒给学生。可让我想不到的是，很快学生的家长便有了反映，说我讲得太多孩子没完全听懂，而且有家长说我布置的家庭作业孩子记不住，要求我把作业写在黑板上，然后让孩子抄在作业本上。

我一下明白问题出在哪儿了。当时我教的是四年级的语文和二年级的数学，我讲得太多，这对四年级的学生来说还可以接受，有些学生还觉得有趣，但对二年级的学生来说，问题就大了。因为讲得多，让学生练习得少，又不巩固复习，学生就很难掌握，而且我布置家庭作业时，只是让学生把书翻到练习题那页，然后告诉学生要做第几题。这样不注意听讲的学生就不知道，听讲的学生课后可能也会忘记。试想，记住家庭作业都不容易，如果一次教那么多那么深，对孩子来说就是废话，而且会把孩子教得更糊涂。

所以我告诉我的同事，小学老师需要的是一个综合能力，这个综合能力又得随机应变，因此不要按自己的想法来要求老师，更不要对老师求全责备。

我的观点是，对老师，要多往好处想，多往对处看，这不是不实事求是，而是为了你自己的孩子。而且小学老师要带那么多的课，要面对那么多的学生，很难照顾到每个人，也很难让每个学生都满意。

如果家长有意见，可以找老师当面谈。如果发现老师批改作业有明显错误，我们也不能骗孩子，但要告诉孩子，老师要批改那么多的作业，一时疏忽出错在所难免，就像我们常做错作业题一样。如果当着孩子面直接指出老师的错误，让孩子认为老师没水平，那孩子就不仅是不尊敬老师不崇拜老师，还会看不起老师，不听老师讲课，甚至对抗老师，更严重者也许会在同学中传播老师的不是，从而引发更大的矛盾和麻烦。

如果是大一点儿的中学生，我们也可以告诉孩子，任何人都有出错的时候，但老师绝大多数时候是对的，我们要向老师学习的，是那些对的，至于不对的，我们弄清不对了，也就学到对的了，绝对不能责怪或者看不起老师。

在孩子面前多讲老师的优点，多发现老师的优点，也是在培养孩子与人为善的良好品德。孩子有一颗宽容的心，长大后就容易和人相处，别人也会喜欢。如果总看别人的缺点，总说别人的坏话，就很难与别人相处，自己也会感到苦恼。

我教写作课时，要学生写一篇有关校园生活的散文，有一个学生写了一篇题为《砂锅》的文章，内容大体是说学校员工灶的砂锅很好吃，去吃的人很多，中午时就得排队，可总有一些老师模样的人不排队，那天果然就有一个老师模样的人来了，他不排队，和大师傅打了声招呼，大师傅就给端来一锅。他当时真想把这位老师模样的人打一顿，但好汉不吃眼前亏，他还是努力忍住了。

写到这里，这位学生开始议论，但议论的内容却是无限上纲上线甚至谩骂老师，然后又说现在的老师素质差，老和学生抢好处，玩篮球抢球场、坐公交车抢座位等。

我当然不能说是谁写的，但我念了这篇文章，然后让同学们讲评一下，谁知大家都笑着看一个同学。过后我私下问几位同学为什么要看那位同学，他们说一听就知道是他写的，说平日这位同学就这样，整天对什么都不满，每次搞活动，总是和人闹矛盾。由此可见，过于尖刻不能宽容人的人，是很难和人相处的。

近年来，学生打老师的事件也时有耳闻。查看打老师的学生的背景，就发现这些学生要么是富商子弟，要么是家庭不完整的孩子。这就更证明尊师爱师教育的重要性，也更证明爱的教育的必要性，如果家长对孩子多一些爱师的教育，不在孩子面前看不起老师，不在孩子面前议论老师，更不说老师的坏话，而是从小让孩子尊敬老师，让孩子跟老师学，这样即使孩子的学习成绩不是很好，孩子也不会和老师对抗，更不会有打老师的行为。

喜欢老师，当然也能得到老师的喜欢，也能得到老师的帮助。我的女儿从幼儿园到大学，就得到过许多老师的帮助。她从幼儿园到初中都在子弟学校上学，到现在她的老师碰到我，第一句话还是问我女儿的情况。女儿上幼儿园时的园长现在已经快八十岁了，每次见到我，还问我女儿现在在哪里，过得怎么样，然后总会说在幼儿园她就看出我女儿是个聪明的好孩子。

女儿的一个初中老师调到大学和我成了同事，几次给大家说她教过我的女儿，然后说一些我女儿的事，话语里充满了爱和温暖。我的外孙女同样喜欢老师，而且在她的心目中老师很神圣，老师的话都是不可动摇的话。去年我和她视频，我说姥爷要去上课。外孙女问上什么课。我说姥爷是老师，要去给学生上课。她一下吃惊得张大了嘴，她不敢相信，喊着说不对，姥爷就是姥爷。然后我给她详细解释，她马上高兴了，不停地笑，她的高兴和自豪溢于言表。

第二节　孩子是学习的主人

学霸养成小贴士：学习终究是孩子自己的事情，做学习的主人，是孩子成为学霸的关键。

让孩子学习，一定要让孩子先知道学习是为自己学，而且要终身学习。这很重要。孩子如果把学习当成自己的事情，他就会主动学习，学习的一切事情孩子也会自己安排。如果孩子知道学习是终身的事情，人不学习就无法生存，孩子就会有一定的思想准备，会把学习当成人生的任务，也不会害怕学习。

而如果一开始父母就把孩子的学习当成父母的事情，天天督促孩子学，天天陪伴孩子学，这样孩子自然而然会把学习当成父母的事，觉得学习是为父母学，父母不督促，父母不陪伴，自己就不去学，甚至要父母哄着才学，更不会主动去安排谋划。孩子没有主动学习的热情和积极性，当然也就不会对学习产生兴趣，也无法有一个好的学习结果。

这和做任何事情一样，自己不主动去做，自己不想办法去做，自己没有热情去做，只靠别人的监督和管教去做，当然是做不好的。

当然，让孩子自己学习，也是一个从小耳濡目染的自然过程。前面说过，我的女儿睁开眼睛，看到的就是父母在埋头学习，她有了认识和学习的能力时，当然也会跟着父母学，她最先学会的，也就是翻书、看书、写字。当然只有这些还是不够的，孩子能听懂话时，就要告诉孩子为什么要学习，将来要学哪些东西，要到哪里去学。只有这样，孩子才有学习的思想准备，也才会有目的地去学，也就知道了以后要做什么。

我女儿上幼儿园时，我们就告诉她要跟着老师学，老师让学什么就学什么，自己想学什么就学什么，只要老师不反对，她都可以学。有一天，他们老师对我说女儿跳棋下得很好，问孩子这么小，我们是怎么教会的。我当时愣住了，我们家从不下跳棋，也从没见过女儿下跳棋。

问女儿后才知道，他们的老师常在教室的小课桌上下跳棋，她就站在一边看，看会后，老师有时没看出怎么跳，她看出来就指点给老师。时间长了老师就和她下，有时老师竟然下不过她。

然后我们就买了跳棋和我女儿玩，我们一开始还真的下不过她，她竟然有那么强的谋划能力，这让我们也觉得不可思议。这一年，我的女儿只有三岁多，可见自主学习是多么重要。

女儿上小学，我们就经常和她讲，上学了，她就是一个学生，学生的主要任务就是学习，所以每天主要的事情就是学习，每天都要完成学习任务，得把每天要学的都学会，然后才能玩耍和做其他事情，而且所有学习上的事情都要由自己安排，由自己去做。

女儿脑子里有了这样的概念和想法，她就会主动去想这些事情，主动去做这些事情。但仅有说教是不够的，必须要在实际中让她时时感受得到。这就要求我们这样说，也要这样做，不要陪孩子做作业，至少不能让孩子感觉到学习是由父母来管的。

我们的做法是，刚上学时，因为学校的许多事情女儿还不懂，我们会过问得多一点儿。比如今天学什么了，有没有不会不懂的，不懂的问老师了没有，什么还没听懂，要不要爸妈解释，今天有没有作业，作业什么时候做、会不会做。当我们发现女儿基本都能自己处理时，我们问得就越来越少了。

到了三四年级，我们就基本不再过问，只是偶尔看看她的作业本，如果发现有错误，就问为什么错了。如果是她粗心，我们就不再说。如果是她确实没弄明白，我们就要给她讲清楚讲明白，然后让她重新去做。

当然，见到老师或者开家长会时，我们也会问问我女儿的情况，老师如果说有什么问题，我们仔细想好后，才和她谈，而且也是先听她说，然后我们一起分析讨论，充分尊重她的意见，让她感到她是学习的主人。

女儿完成了当天的学习任务，我们就让她自己去玩，玩多久我们都不干涉。因此，我女儿的学习基本上都是她自己去安排，而且为了能腾出更多的时间做她自己想做的事情，老师一布置家庭作业，她立即就会利用下课时间和自习时间做完，回到家就做她想做的事情，基本都是看她喜欢的书或者电视。

到了初中，她学习的事我们就问得更少，因为她要学哪门课，要学哪些内容，哪些内容还没掌握，这些只有她自己清楚，我们无法替她做主，所以这时我们要做的，基本都是一些后勤保障工作，一些鼓励她的工作。

在自主学习方面，我还有一位亲人做得更好。他的学习可以说家长基本没管过没教过，原因是母亲经商很忙，父亲也不能常陪伴在身边，他出生不久就由爷爷奶奶来带，上学后生活就得完全自立。

他结婚时他的叔叔和我说起这些感慨万千，说他的这个侄子能有今天谁也想不到，也想不通，说侄子从小到大谁都没怎么管，全都靠他自己，父母别说管他的学习，连一日三餐都管不上，他大多时候是在街上吃，而且经常吃方便面一类的东西。但初中毕业时，他考上了全省几千人里挑一的师大附中。

叔叔又说他自己的儿子不好好学习，每天求着哄着陪着管着让他学也不学，打骂也不顶用。我告诉这位叔叔，正是因为父母没时间管他，他才自己管自己，他才自己刻苦努力来改变自己。如果像叔叔的儿子一样，从小被哄着陪着让他学，也许他就不会主动去学习，也许他就没有今天。

这些年因为写一些教育方面的书，我便有意识地调查接触了一些家长和学生。有些家长和我的想法一样，让孩子自己管自己的学习。但他们内心还是放不下，很焦虑，期望值也太高。

比如，他们每天早早吃完饭，然后将孩子请进安静的房间，将门窗关好，自己在客厅不敢出声，有的甚至不敢开灯，静静地坐着听孩子的房间，一有动静便立即去看去伺候，完全像个店小二，甚至有人自嘲说他们就像伺候少爷公主的丫鬟。

其实这样很容易让孩子觉得自己就是少爷公主，学习就是给父母学，如果哪里对父母不满，或者父母哪里不能满足孩子，孩子很可能就以不好好学习来要挟父母，甚至真的不再好好学，即使能好好学习，也很容易把孩子娇惯成少爷公主，无法经受挫折，无法吃苦耐劳，甚至成为长不大离不开父母的"巨婴"。

事实也说明，学习好的孩子，绝大多数也是自学能力强的孩子，更是自己要努力求学的孩子。这些年，我们学校有八个学生考入清华北大，这些孩子都有一个共同的特点，就是学习的自觉性都特别强，父母操的心并不多，有的甚至完全不用父母操心，父母更不陪着学习。

和我同教研室的一位老师，她的女儿我很了解，我们两家有一段时间还住在同一栋楼，她的女儿比我的女儿小九岁，许多情况和我的女儿很像，不但自己的事情自己操心，而且还博学多才，高考时以全省第五的成绩考入北京大学。

这里还需要说明的是，孩子毕竟是孩子，贪玩和自控能力差是天性，我们说孩子的事情要孩子自己去做，并不是不管不操心，而是要管在点子上，是确实需要管时才管。

比如我的女儿上高中时，学习途中需要休息时就过来看电视，有时看到感兴趣的节目就忘记了时间，每当这时候，她妈妈就会提醒说已经看半个小时了，她就会自觉地离开。但有时她遇到特别喜欢的节目，她就不愿意离开电视而是边退着走边看。这时我就允许她继续看，因为这个时候她满脑子电视情节，即使回去学习效果也不会好。但每当我要她继续看时，她就会自己斟酌一下，有时会留下来继续看，有时会下决心离开。

我现在仍然觉得我这样做是对的，让她自己决定，她就会有一个自己的安排，她过后或者会把看电视的时间补回来，或者自己想办法提高效率，这样她既能有一个愉快的心情，也能在学习上更加自觉更加主动。

另一方面，学习的事是孩子自己的事，并不是让家长不操心孩子的学习，而是鸡毛蒜皮的事尽量由着孩子，孩子自己能做好的事也不要操心。但大事要紧的事，必须要时时操心，而且要时时注意孩子的思想和学习的情况，发现孩子有什么想不通的事和问题，要及时和孩子商量并解决掉。发现孩子学习进步不大或者有问题，更要及时搞清楚原因，及时帮助解决。也就是说，父母要时时为孩子操大心，谋大事，定方向，当后台老板。而那些小事或者孩子自己能做好的事，父母就不要多操心。因为父母操多了心，孩子就会有依赖心理，有时也会烦。

去年外孙女一家要到森林里野营，因为森林里有熊和美洲豹，视频聊天时我叮嘱他们要小心，而且他们家周围就是森林，没必要特意去野营，但外孙女觉得我是在阻止他们去，也怕她父母真的不去，于是就不高兴地说："姥爷你管得太……"然后吞吐着不往下说。我问她是不是嫌姥爷管得太多，外孙女才接着说："明明是知道的事，你还要说。"

前不久，他们一家又要去黄石公园旅行，视频时外孙女说坐了一天的车，饭也是在车上吃的。我又叮嘱说有野生动物，不要轻易下车。这回外孙女彻底不高兴了，直接就说："姥爷你管得太宽了，比我爸管得都宽。"这就是说，再亲的孩子，再听话的孩子，管多了也会烦。

目前学生的学习任务越来越重，压力越来越大，竞争也越来越激烈，这样一来，有不少家长就不给孩子安排玩耍的时间，或者孩子稍一玩耍，就批评指责。

我要说的是，学习是一件动脑的事情，脑子也和身体的其他器官一样，时间长了会疲劳，也需要休息。对孩子来说，最好的休息就是玩耍。

目前中小学一般是上课学习四十五分钟休息十分钟，大学是上课五十分钟休息十分钟。这个安排应该是科学合理的，那么孩子在家里学习，学习时间也要大体按这个时间来安排。让孩子不停地学，即使孩子愿意，效果也不会好。

比如我，年轻时我可以坐下来一连写作两个小时，现在就不行，专心写一个小时，脑子就不运转了，手也打不出字来了，站起来会头晕目眩，有时竟然刹那间不知道是上午还是下午。孩子学习累了虽然不会表现得这么明显，但累了脑子就糊涂，这是不争的事实，所以必须要适当休息。

这个问题我也和同事们讨论过，有的年轻老师说不知道现在孩子的家庭作业有多重，孩子回到家就做作业，有时十二点还做不完。我是这样看的，孩子做不完作业也有多种情况。

第一种是孩子主动学习的积极性差一些，在学校时不积极找时间做作业，不管作业多少都要回到家里才做，都要父母陪着或者辅导才做。第二种是做作业的效率不高，有的是因为养成了磨蹭的习惯，有的干脆就是不专注不用心，做一阵题，脑子就想别的去了，往往是坐在那里半天一动不动。第三种是孩子没学懂不会做。

第一种情况，父母要耐心地讲清楚道理，也不再每天都辅导孩子做作业。第二种情况，也要讲清道理，然后引导孩子快做抢做，做完了就让孩子做他自己喜欢的事情。第三种情况，那就要辅导了。但辅导不是帮助孩子做作业，而是先让孩子自己做，父母静静地看，孩子哪里不会了就指点一下，讲清这样做的道理。

总之，如果家长注意观察孩子，有针对性地纠正孩子的缺点和毛病，孩子就能养成一个自觉学习的习惯，也能在快乐学习中成长。

孩子把学习当成自己的事情，自己的事情自己做，孩子才能有学习的积极性，才能有创造性，才能体会到学习的乐趣，才能体会到学习的成就感和满足感。这些我们当然不难理解，事实也证明这是做好事情的前提。

别的事情也一样。会当领导的人，总是放手让下面的人干，自己只当参谋，下面的人就会想办法把事情办好。而不会当领导的人，总是自以为是，到哪里都指手画脚发号施令，结果下面的人就畏首畏尾，领导说什么就做什么，领导怎么说我就怎么做，根本不管是否符合实际，而且领导不说，我就不做。

因此，聪明的家长总是想办法调动孩子的积极性，总是鼓励孩子自己去做，而自己只当幕后推手。而糊涂专制的家长却相反，总仗着自己是家长，要孩子这样去做，要孩子那样去做，而且随口去说随时决定，结果使孩子无所适从，只能按家长的意思应对。让孩子去做家长让做的事情，孩子当然不会做好。

我的女儿从幼儿园到现在，学习都是主动的。比如，每年开学新书拿到手，她回家的第一件事就是急着让我们给她包书皮，然后就急不可耐地拿出语文书，认真看上面的课文，看完再看自然常识一类书，然后是数学书。

到了初中、高中虽然不再包书皮，但女儿也要把所有的书本翻看一遍。她这样做除了要了解要学习的内容和让自己心里有个底外，还有一种对书的喜爱和对新知识的渴望。这样的学习欲望和习惯，就是从小培养出来的，她形成了自己学习的习惯和本能，学习就成了她自己一辈子的事情。

第三节　适合孩子的学校才是好学校

学霸养成小贴士：顶尖学校未必能培养出顶尖学霸，适合孩子学习特点的学校才是好的学校。

每到孩子上学或者升学，给孩子选择什么样的学校，便是家长最热衷也最头疼的事情，找熟人找门路找捷径，不少家长被折腾得心身俱疲。其实我要说的是，对孩子个体来说，没有绝对的好学校，好学校未必适合孩子，最适合孩子的学校才是最好的学校。

如果你的孩子自律能力差，自己管不住自己，那么你就选择管理严一点儿的学校，这样会对孩子更适合一点儿。如果你的孩子学习成绩不好，你就只能选择让他能跟得上的学校，因为学习成绩好的学校要求高，教学进度快，讲习的难题也多，孩子如果听不懂跟不上，只能被越落越远，孩子不仅会自卑苦恼，也会害怕去学校，还可能会产生各种思想和精神的问题。

只有你的孩子学习成绩确实好，学习的积极性也高，自学能力也强，才可以选择学习成绩相对好一点儿的学校，因为这里的孩子学习成绩大多好一些，你的孩子可以和他们竞争，在竞争中一起提高。

但选择学校确实是一件关系到孩子未来的大事，家长不但要慎重，还需要考虑许多问题。我觉得首先要了解清楚自己的孩子，除了了解自己孩子的学习情况，还要了解清楚孩子的性格情况，因为现在的学校除了公立学校，还有民办学校和"高价"学校，这些学校的教学风格不一样，教育理念也有差异。即使是公办学校，里面的差异也不小。

比如，有的学校周围商户多，学校里商人的孩子就多，家庭经济条件好的孩子就多，孩子也容易攀比炫富。有的学校周围工厂多，工厂子弟就多一些，情况也就复杂一些。因此在选择学校时，这些因素都要考虑周全。在学校，孩子除了跟老师学，更多的是跟同学学，因为他们是同龄人，也因为他们整天生活在一起，同学们的一言一行都在互相影响。除了考虑学生的学习情况，还要考虑学校的环境和孩子的性格。

我的一个同学是中学教师，他对儿子的期望很高，儿子上小学时成绩一般，他认为是学校不行，小学毕业后，想办法让儿子上了全市最好的一个初中。儿子去后一下子就感觉跟不上，而学校每学完一个单元都要考试，成绩不但张榜公布，差的学生还要被老师批评并要求写检查和请家长。儿子一下子无法接受，也害怕去学校，便向老师请了病假，然后每天躲到游戏厅打游戏，很快又和流浪的孩子混到了一起。家长发现后，先是去学校吵闹，后又气急败坏打孩子并到处诉苦。

和我谈这件事的时候，我和他商量，是不是要正视现实，先给孩子做思想工作，再征求孩子的意见，要么将孩子转到一般的学校，要么让孩子退到一所好点儿的小学，让孩子复读一年。后来孩子同意到一所成绩好的小学复读。复读时因是学习过的内容，孩子也有了自信，也激发了努力学习的热情，升初时也考上了不错的初中，以后学习一直不错，最后考上了重点大学。

小升初时，我的女儿也面临过一次选择。她就读的子弟学校有初中部，但我们所在的区有一所全省重点中学，如果在这所中学上初中，大多数学生都可以直接升入这所学校的高中部。如果在别的学校上初中，要考入这所学校的高中部就很难。

但要选择这所中学，我们也面临着许多现实的问题。一是学校离我们家比较远，初中生不让住校，孩子中午就得自己在外面吃饭，早晚来回跑，每天坐车得近两个小时，也不安全。二是女儿现在在这里学习成绩很好，又一直是班干部，学习方面一直很自信，环境、老师和同学她都很熟悉，女儿也习惯了这里的一切，如果换个竞争激烈的学校，女儿能不能竞争过人家，能不能成为突出的学生，能不能仍然让她保持自信，会不会因陌生环境和不可预知的因素影响到孩子的学习等，这些都成了问题。

出于这些考虑，我觉得到那里去上学风险大，我就这么一个女儿，不能让她冒险。另外，那时交通条件也差，我和她妈妈工作都忙，没时间每天挤公交接送她。所以我还是决定让她留在原校附中上初中。事实证明我为女儿的选择是正确的，女儿在附中学习一直特别快乐，也特别轻松，每天上学走几百米就到，考高中时，她不但考入了之前说的那所好学校的高中部，还进入了唯一一个向全省招生的奥数班。

让不少父母担心的是，教学质量差一点儿的学校，学习成绩差的学生就多，调皮不听话的学生也多，父母担心孩子进入这样的学校后，自己的孩子也会学得调皮不听话，从而影响学习成绩。这样的担心不无道理，因为孩子学习成绩上不去不可怕，可怕的是跟着调皮消极的学生学坏，根据我的了解，如果一个班级有那么几个捣蛋的学生，而且这样的学生还表现得极为强势的话，很快就会带坏整个班的学生，老师也会失去教好的信心，这样的学校，当然就不能选择。

值得注意的是，在选择学校时，许多家长有攀比心理。孩子上了公认的好学校，就很有面子很值得骄傲，而留在子弟学校上学的家长就灰头土脸，别人问起，嘟囔一下就过去了。这种盲目攀比，费心费力费财不说，选择不当反而会误了孩子，而且也会让上好学校的孩子认为爸妈有办法有本事，从而滋生骄傲松懈思想，滋生依靠父母满足自己的思想。而家长如果把这些攀比的精力用在孩子的教育上，孩子就会懂得学习是自己的事情，一切都要靠自己。孩子懂事了，在哪个学校都能学好，而且知耻而后勇，孩子努力发奋了，一切劣势就能转化成优势，便能真正学好。

在美国，学校也是分优劣的，而且学校都是有评分的，满分十分，每年都要按他们的评分体系将学校考评一次，分数是多少、学生的来源、成分和大体什么情况、学费多少，都公开标得清清楚楚，上网就能查到。但美国人选择学校比较理智，也比较务实，他们首先考虑的是自身的条件，比如经济条件、上学条件、孩子的喜好和愿望等。而选择一般有两大类：公立学校和私立学校。

公立学校一般来说管理得比较松散，教授的知识也比较简单，对学生的学习要求也不太严，基本都是义务教育不收学费。因此，选择公立学校的学生，大多是兄弟姐妹多、家庭负担重，而且父母不重视孩子学习成绩的家庭。而私立学校，一般来说管理要严格一些，知识方面的教学要好一些，而且教学特色也鲜明一些，比如有的学校注重学生的考试成绩，有的学校注重学生的能力培养。但私立学校都要收取学费，而且收费也和学校的评分等级挂钩，评分等级越高的学校收费越贵，所以家长们选择时就要考虑许多，也现实许多，并不会盲目追求高分的学校，而是更多地考虑自己和孩子的条件与能力。

因为美国的就业压力不大，思想观念也和我们不同，人们选择学校时一般都选就近方便的学校，而且重视孩子自己的意见，因此，美国家庭一般会选公立学校，省事省心又省钱。而对华人家庭来说，一般都不会选择公立学校，而是选择那些考试成绩好的私立学校。

另一方面，咱们国家中小学生升学的情况比较复杂，各地的政策也不相同，政策也会随时变化，不能一概而论。但不管怎么样，选择学校首先要考虑孩子自身的情况，然后考虑学校的情况。考虑这些情况时，要站在孩子的角度去想问题，而不是父母主观地认为什么好、什么不好，对孩子来说，只有适合自己孩子情况和特点的学校，才是最好的学校，否则费了大力气选择了学校，结果反而会耽误孩子。

第四节　了解学校才能接受学校

学霸养成小贴士：千里之行，始于足下。一开始就让孩子明白学校的意义，为学霸之路铺好地基。

孩子去上学，是孩子走向社会和学习生涯的开始。良好的开端是成功的大半。孩子离开父母到一个全新的陌生的环境中生活学习，对孩子来说，就是一个全新的开始，上课要做什么注意什么，下课要做什么注意什么，和同学怎么相处，有了问题要找谁问谁，等等，都要事先给孩子讲清，让孩子有一个清楚的认识，也有一些心理准备。否则孩子什么都不知道，去学校遇到问题也不知道该怎么办。不会做不敢做，或者做错了，都会给孩子造成烦恼，让孩子觉得学校不好，甚至使孩子怕去学校上学。

如果孩子有了畏惧学校的心理，他就会把去学校和学习看成麻烦，从而对学习失去兴趣。因此，如果开头开不好，以后很可能会一路麻烦下去。如果开头做好了，孩子不仅觉得上学好，也会喜欢上学，而且会对学习信心十足，也会努力学得更好。孩子有了一个好的开头，以后的学习就好办得多。

我是六周岁上的学。报名那天，我哥把我领到老师办公室的门口就跑了。我记得门是开着的，里面人很多，我一下面对那么多的陌生人，就害怕得不知所措。也不知站了多久，老师叫我过去数数，说数不到 50 不要我。我一口气数下去，老师喊停我才停下来。

后来的事情更加糟糕，我总是莫名其妙地害怕老师，也从内心憎恨老师。而最让我害怕的就是老师放在讲台上的那杆教鞭。那是一根一米多长的有拇指粗的红柳棍，而且教鞭多数时间不是用来指黑板，而是专门用来打学生，如果谁在课堂上有小动作、打瞌睡或回答不对问题，老师就用教鞭劈头盖脸地打。我上课时常常盯着老师想别的事情，根本没用心听老师讲什么，这样就总是瞌睡，因此总是挨棍子。

那时人们都在闹革命，没人管什么学习成绩，老师上课也是随心所欲想讲多少就讲多少，想说什么就说什么，考试也好像是想考了就考一下，不想考就不考，我也不知道我的学习成绩怎么样，更没想过要好好学习。

至于和同学的关系，也是相当的糟糕。这里的人很多都是文盲，孩子一般要到八九岁才上学，也有的是十几岁了不想劳动才到学校混，因此在班里我是最小的，而且我出身又不好，父母又是外来户，我就经常受同学的欺负，又无力反抗，我便成了班里谁都能欺负的人，所以我常常是下课也不敢动，不敢离开座位。

那时我最希望的就是能不去学校，甚至幻想学校的房子倒塌或者老师生病。当时我的父亲让我上学的态度坚定不移，而且对上学这件事母亲也特别重视。有一次，我逃学让母亲知道了，足足四五天她不依不饶地打我骂我管教我，让我至今都明白逃学是一件非常严重的事情，而且母亲说学校是必须天天去的地方，玩也得到学校去玩。

直到小学四年级时，国家的形势有了好转。有一次，全班就我一个人算对了一道题，刚好老师又是新来的年轻老师，于是老师表扬了我，而且夸我很聪明、反应快。这一次偶然的表扬，让我一下有了学习的动力和念头，我也开始认真学习，学习成绩就有了大的提高。

再说我的女儿。我的女儿一岁八个月就不得不上幼儿园，我们的担心和纠结可想而知，只能事前多在女儿身上做功课，把我们能做的能讲的都讲清楚。

我们除了给她买新衣服、新书包、新书本外，就是讲幼儿园怎么好，孩子必须要去幼儿园，去幼儿园是学知识，学了知识才能长大，才能像爸爸妈妈一样工作生活，而且幼儿园的老师特别好，就像爸爸妈妈一样，是专门领着孩子玩耍的，还有很多小朋友一起玩，而且有那么多好玩的玩具，有什么事都可以和老师说，老师会像爸爸妈妈一样帮忙解决问题。同时也给她讲清楚，每天爸爸妈妈把她送到幼儿园，早上送去，到中午才能去接回来；下午送去，天黑才能接回来。

通过这些教育，女儿对幼儿园有了一定的认识，也觉得幼儿园是一个很好的地方。到送女儿去幼儿园那天，女儿很高兴，给她背上小书包，满脸都是笑容。她上幼儿园的前三天一声没哭，特别听话。第四天别的孩子哭，她也跟着哭，而且我们送她到幼儿园时，她也流露出了不想去的意思。我们只好再耐心地讲解劝说，而且陪她在幼儿园玩了一阵，之后她很快就适应了，后来也一直表现得很好。

女儿上小学时，我觉得小学毕竟和幼儿园不同，要按时上下课，也有了许多新同学，老师也不会像幼儿园那样看着她，而且小学教育是正规教育的开始，许多事情都要由孩子自己来处理解决，处理不好就会影响到学习和思想。同时小学对学生的要求也要多一些、严一些，孩子有可能一下不能适应或者感到不自由甚至害怕。因此许多东西我还是反复地给女儿讲，比如：如何听老师讲课，如何尊敬老师，如何对待老师的批评，如何和同学搞好关系，有同学欺负自己应该怎么办，等等。

我也多次跟女儿讲我的上学经历，每次讲完，我都要从正面引导，把我的经历当作反面教材，告诉她如果我当时懂得怎么尊重老师，懂得怎么和老师相处，懂得怎么好好学习，懂得怎么和同学搞好关系，懂得怎么把自己的事情做好，懂得怎么成为老师眼里的好学生，懂得怎么成为班里的好孩子，那样的话老师也不会歧视我，我也不会害怕老师，我就会有一个好的学习成绩，也会有一个愉快的童年。

同时我也告诉女儿，小学要比幼儿园好很多，有更大的校园，有知识丰富的老师，有操场，也有各种体育器材，有文艺活动室和图书室，还有更多的新朋友，那里不仅是一个学习的好地方，也是一个和同学们交朋友和玩耍的好地方。

由于这些道理讲了很多，女儿心里就有了许多与学校有关的知识和充分的思想准备，也有了一个对学校的美好印象。同时在物质方面，我们给她买了新书包、新文具、新衣服。总之，一切都是新的，而且是她喜欢的，一切都让她感觉到上学就像一个盛大的节日，让她心里充满了期待。同时也让她感觉到上学就是她人生中最重要的事情，必须要认真对待，必须要认真学好。因此，上学前女儿已经信心满满。

在开学前几天，她就有点儿按捺不住，一次次把文具和书本装在新书包里，把新衣服穿上，一副要出征拼搏的样子。

开学那天，女儿起床就急急忙忙洗脸吃饭，然后就穿上新衣服、背上新书包，站在那里催我们快点儿走。因为附中离我们家很近，女儿出门一路小跑，我快步都跟不上。进了报名的教室，她就站到老师面前要报名。老师问她叫什么名字，名字是哪几个字，我女儿立即说她来写吧，就自己把那些信息都填写上了。看到这些，我知道我之前做的一切都是有成效的，以后她学习的劲头也是不用担心的。

我的外孙女上幼儿园时也是如此。那年她姥姥去巴黎，给她买了几套上幼儿园穿的衣服，还买了一个乌龟小书包。我们暑假去看她时就给她带了过去。在去幼儿园的前半个月，我们就和她爸妈一起，有空就做她的思想工作，让她对幼儿园的一切都有一个认识，也有一个思想准备。因为语言不通，环境太陌生，孩子去了之后发生了一点儿小问题，但总的来说既没哭也不闹，更没说不去幼儿园了。到幼儿园一周以后，我们和女儿视频，女儿说孩子已经一点儿问题也没有了，每天还很喜欢去幼儿园。

另一个很重要的问题是怎么和同学相处，因为上了学，大部分时间就要和同学们相处，相处好了，孩子就会愉快，而且如果和努力学习的同学相处得好，自己也会跟着努力学习。反之，也就不会努力学习。如果同学有了矛盾或者受到同学的欺凌，那孩子的恐惧和痛苦是成年人很难想象得到的。在这方面我有切身的经历。

我上学时居住的村落分散，放学回家要走很长一段路，在路上我常常会受到大同学的欺负，于是我就尽量地躲。但我越躲他们越有兴趣，竟像捉迷藏一样等我拦我，等到了拦到了，也不怎么打我，就是像猫玩老鼠一样辱骂推搡欺负我取乐。很长一段时间我觉得特别痛苦，当然也无法学习，整天就想着怎么才能躲避欺负。后来我从家里得到两毛钱，买了几个柿饼子给了那个常欺负我的孩子王，那个同学很高兴，就认我做朋友，从此就好了许多。

这些经历我都讲了给女儿听，但我告诉她现在社会平等了，人也文明了，同学间互相欺负的也少了，但如果遇到了，不管是什么情况，首先不要和人家吵闹，而是要立即找老师或者爸妈，老师和爸妈都会帮助她想办法解决，而且会处理得很好，以后也再不会有这样的麻烦。给孩子讲多了，孩子心里就大体有一个思想准备，知道遇事该怎么做了，就不会像我上学时那样畏惧害怕，不敢告诉老师，也不敢告诉父母。

孩子上学前，要多给孩子讲学校的好、老师的好，但也不能不给孩子讲学校的纪律，因为如果孩子不讲纪律，就会惹是生非，受到批评。有了这些问题，孩子就无法安心好好学习，弄不好就是一个问题孩子。因此，在孩子上学前，要把所有的学校纪律都给孩子讲一遍，而且还要讲怎么做才对。平日也要随时讲，特别是对活泼调皮的孩子，纪律更要多讲一些，而且要把道理说清楚，要和颜悦色地讲，千万不能暴躁，暴躁只能是以暴对暴，把事情弄得更加糟糕。

具体来说，我们要给孩子讲清学校是一个守纪律的地方，守纪律、按要求做是学校的基本要求，按要求去做，就不会有麻烦，也不会出问题，保证大家都能快乐地学习和玩耍。如果不守纪律，就要受到老师的批评，和同学也会闹出矛盾，就有很多麻烦，也再不会有朋友和快乐。但仅有这些教育是不够的，因为现实的情况要更复杂多变一些。

孩子上学的第一年，家长还要多和学校的老师沟通，随时掌握孩子的情况，特别注意孩子的心理变化。孩子每天回来，都要问一问在学校的情况，要随意地问，孩子话不多时要引导孩子打开话匣子，让孩子敞开心扉随意说，而家长要从孩子的言谈中分析判断，如需要开导就开导，需要纠正就纠正，需要表扬就表扬。比如，我女儿回来说得最多的是和同学们的一些事情，问题和矛盾也主要是这些事情。我们听完，一般都是和孩子像闲谈一样进行正确的引导和纠正。如果是严重一些的问题，我们就直接告诉女儿该怎么去做，怎么应对。对做得好的也要表扬鼓励，同时要讲明道理。

当然，同学之间不可能有什么大事，但通过这些小事，可以判断出孩子的思想状况，发现一些事情的苗头，从而引导孩子向正确的方向发展，也让孩子积累一些和同学相处的经验。这样引导孩子一两年后，孩子基本就有了自己应对的能力，也有了一个稳定正确的处世态度，可以说孩子度过了在校的危险期，以后的事情就好办得多。

但要说明的是，也不要管得太细，更不要干涉太多，无关紧要的事就不要管了，听听就罢了。可以多让孩子宽容、不计较，比如说谁撕破了孩子的本子，谁推搡了孩子，这些小事，就要告诉孩子玩耍中免不了发生，一般不要往心里去，即使别人是故意的，也不要一下就闹翻，能讲道理的就讲道理，能笑着阻止就不生气怒骂。不要小看这些小事，如果不引导不关心，孩子积压在心里，又不知该怎么应对，往往会做出错误的决定，把小事做成大错，甚至出现一些心理问题，影响到孩子的学习，也让孩子感觉不到上学的快乐。

注意千万不能把要求和纪律讲得太严重可怕，这样会让孩子感到学校不自由，会让孩子产生畏惧心理。最好是总体要让孩子觉得学校美好欢乐，要让孩子知道那里有很多的同学可以一起学习、一起玩耍，同时也要让孩子知道，只有守纪律、懂规则，学校才是美好的，否则学校就是管你的，也是约束你的，因此学生要守纪律，要处处往好学，处处向好学生学习。

第五节　方法得当，学习得宜

学霸养成小贴士：万事离不开方法。学霸不是苦学、硬学出来的，良好的方法是成功的一半。

任何事物都是有规律的，规律是可以掌握的，所以学习任何东西都会有一些方法和技巧，方法对了，事半功倍，方法不对，功倍事半。教学实践证明，孩子学习成绩不好，绝大多数情况是学习方法不当：只知看书做题，不知寻找规律；只知死背硬记，不知分析理解；只知盲目做题，不知归类总结。这样就会导致学习效率低下，成为苦学死学的受害者。而找到了方法和规律，就如同找到了解决问题的钥匙，学习就没有那么难、那么苦。学习的具体问题很多，但按类别划分解决就要少许多。下面就细说一些学习的方法问题。

课堂教学是学生获取知识的主要形式，因此如何听老师讲课就尤为重要。有一个事实大家可能不愿意相信，那就是学生如果静静地坐在那里听课，大部分学生一半以上的时间大脑是在想其他事情的，而且如果坐着不动，孩子的注意力一般也只能集中十几分钟。

对此我曾做过实验。

在小学二年级的数学课上，我讲十分钟，学生都在认真听讲，我突然停下来，让学生回答我刚才说了些什么，百分之五十几的学生能回答出来一些，百分之三十多的学生一句也回答不上来，这说明说不上来的同学是在想别的问题，也就是走神了。下一次我讲到三十分钟时停下，问学生我刚才讲的什么，就有百分之五十几的学生回答不上来。可见时间越长，学生越难集中注意力。但也有百分之二十几的学生一直都能回答上来，分析原因，则是这些学生一直在和我互动，也就是说整堂课都是在和我一起上，我问什么他们都能快速思考，然后积极回答，大脑一直跟着我动，这样当然不会走神，更不会瞌睡。我在四年级的语文课堂做过同样的试验，四年级的学生回答得稍好一些，但比例大体差不多。

这就告诉我们一个铁的事实，在上课时，如果学生的思维不跟着老师一起动，学生就很容易走神，想控制也控制不住，如果瞌睡劲上来，那就更没办法控制。这点我们许多人都应该有切身的体会，而我现在体会更深。如果我呆坐着听课，注意力最多只能集中十多分钟，如果听无关紧要或不感兴趣的会，一会儿就瞌睡得无法控制，只能拿出笔来记录或者起身去上厕所。

因此，要想让孩子集中注意力听课，方法其实也很简单。

一是要千遍万遍地告诉孩子，上课时一定要和老师互动。老师问2+2等于几，你一定要在脑子里快速地算，然后大声地把答案喊出来，如果喊错了，就更要听老师怎么说，为什么是那样，搞清楚错在了哪里，就明白了正确的是什么，而且这样记得更牢，也学得更好。

二是要让孩子多动笔。为了不走神，就要边听边记，把主要内容都记下来，这样思维就能一直跟着老师思考，不但不会走神，也不会瞌睡。如果有的老师只让听不让记，那也要在脑子里记录或者和老师互动，可以在脑子里提出问题，这样也不会走神或瞌睡。

三是多思考，多在脑子里问为什么，有想不明白的或者不懂的地方，要记下来，然后问老师或同学。如果老师允许课堂提问，那就在课堂上提问，如果老师不允许，那就下课去问，总之，要把问题找出来，然后搞清楚，不放过任何一个不懂的问题，更不能马马虎虎不求甚解。因为学生大部分学习时间是在课堂上，把课堂教学的内容学会了，学习的任务就基本完成了。

因此把课堂时间用好了，把握住了，效率高了，学习就不会有什么问题，回家做作业也轻松快捷得多。而且用这样的方法去学习知识，去追求探讨知识，不仅对知识记忆得牢固，理解得也深，更能灵活应用。真正懂得了、理解了知识，考试当然就不会有什么问题。

我的女儿在上学前，我就反复讲听课的重要性，反复说这些听课的基本方法，她当然会照着去做，但我仍然不能完全放心。她刚上学那一阵子，每天回来我都要仔细询问，今天学了些什么，老师讲了些什么。如果回答不出个大概，就说明她没用心去听，更没理解和记忆，甚至对这门课没产生兴趣。每每此时，我会再详细地讲一遍听课的重要性，也向她说明，听懂了学好了，就会产生兴趣，就会有成就感和学好的动力。她会记住我的话，也会这样去做，因此上课就能完全听懂了，作业做得很快，学习也感到轻松。

在我的记忆里，小学到初中，女儿好像从来就没说过学习难，也没说过学习累，好像什么时候都信心十足，什么时候都很快乐而有成就感。因此，我也从没感到教育女儿难，也没感到累，更没有什么焦虑和担心，别人也说我这家长当得轻松。

如果仔细分析，女儿学习轻松，主要原因还是听课认真，善于思考分析。如果从时间角度来说，女儿的学习是很轻松悠闲的，她有很多时间是可以自由支配的。而如果说我家长当得轻松，那是因为我平日操的心不多，发现问题才管，而且是要紧的才管，但要紧的事其实也不多，所以我显得轻松。

因此，我还要再说一遍，课堂学习很重要。如果课堂上听懂了，也弄明白了，学习就是一件轻松愉快的事情，也是一件有趣、有成就感的事情；如果听不懂，就觉得无趣，很难，也很烦恼，甚至对学习产生畏惧心理。学生因听不懂而畏惧学习，就会产生消极弃学心理，最终导致厌学，导致和老师以及父母的对抗，形成恶性循环。

在课堂上听懂了，孩子就会对知识产生浓厚的兴趣，也不会再满足于课堂知识，孩子就会自己去探索，自己在课外查找，学习更多更细的相关知识。

女儿上高中后，有一天我有事去找她，他们正在上数学课，我只能站在门外等，里面的辩论声、吵闹声大得让我吃惊，其中有一个男生喊着回应老师，感觉是他和老师在共同讲课。下课后我问女儿怎么这么吵，女儿说班里有许多"大牛"，有好几个在全国竞赛中获过大奖，他们都自信十足，自我感觉特好，经常会和老师争论甚至争吵。这更加印证了认真听课和课堂互动的作用，人家之所以成为"大牛"，就是上课时和老师一起思考、一起探讨，这样就没有听不懂、弄不明白的道理。

我告诉女儿她也要大声互动讨论，女儿说她的声音小，反应也比人家慢，能跟上人家就不错了。我知道女儿的自信心有点儿不足，我就告诉她，不管怎样，都要跟着老师的思路，大胆地回答问题、提出问题。女儿说这她知道，她会在心里默默地回答思考。这我就放心了，因为他们班是向全省招生的奥数班，我不能过于要求我的女儿和人家比。

有人说他们孩子的老师喜欢让学生静静地听，没老师的允许，学生不能把手放到桌子上，更别说记笔记和互动了。其实让学生坐着不动看起来纪律很好，但这样做孩子更容易走神或者不动脑筋，也更容易瞌睡。

在现代教育中，最重要的教学方法就是启发式教学和互动式教学，特别是对小学生来说，启发式和互动式教学是老师带领学生学习，也是师生一起学习，因为启发和互动，就是让学生动脑筋想问题，就是让学生专注听专注学，不让学生走神，也不让学生昏昏沉沉打瞌睡。

而老师满堂灌输的话，就是老师自己在表演，自己在宣传知识，学生到底学没学、有没有兴趣学，老师都没关注到，这样的教学效果当然很差，因为教学中学生是主体，学生是内因，老师是外因，外因通过内因才起作用。但教学情况有时很复杂，如果是课堂情况不允许孩子讨论和回答问题，家长就应该向孩子讲清楚，让孩子在心里默默地回答问题。

总之，不能只让孩子被动地听，这样孩子无法长时间集中注意力，不仅会走神，也会瞌睡。一旦课堂没注意听或听不懂，孩子做作业就会犯难和耗费时间，也容易做错。如果孩子回家后家长能够再教孩子，还可以弥补一下。如果回家后家长不能弥补，前面学不懂，后面就更难懂，孩子就更畏难，更没兴趣学，更加苦恼烦躁，形成恶性循环。

学习的另一个重要的方法就是课前预习，在上课前让孩子对所学内容有个大致的了解，哪些懂，哪些不懂，上课时，孩子就会心中有数，那些不懂的地方，老师一讲就马上懂了，轻松快捷。如果是大一点儿的孩子，预习时可以把那些不懂的问题或者不理解的地方都找出来，等待老师来讲解。

这样学习，不仅增加了孩子学习的主动性，也会大大提高学习的效率和效果。因为预习时问题已经在孩子的头脑中，老师上课时的讲解，就等于在回答孩子的问题，等于是对孩子头脑中知识的补充和修正，也等于是把孩子已有的知识再复习一遍，这样不论是记忆效果还是理解效果，都会增强很多，而且这种教学方式孩子在课堂上是主动用脑学习，就不会走神瞌睡。

因此，课前预习，也是一个很重要的学习方法，家长们一定要让孩子这样去做，让孩子形成习惯，尝到甜头，有了学习的兴趣，孩子就会坚持下去。我女儿上高中时的那几个数学"大牛"，他们早就把高中的数学自学完了，有的还学了大学的数学，上数学课时，他们就等着和老师讨论辩论，这样当然就学得很好。

我的女儿喜欢读书，语文、历史、地理、社会等课本一发到手，就急着都看一遍，而且好的文章和她感兴趣的内容，看几遍都不够。对这些课，老师上课讲解，就是加深她的理解，也是加固补充她的知识，如果有不一致的地方，也能让她产生一些疑问，带着这些疑问，女儿或问老师，或问家长，或自己查找解决，这都是在探讨学问，也会增加学习的成就感和乐趣。

而对于数理化，我也强调让她课前预习，她基本在课前就大致学会了。老师讲解时，她不仅思路能跟得上，也能发现自己预习时不理解的地方，或者理解错了的问题，这样就能及时发现补救，这时听课在某种程度已经是复习、纠错和探讨了，当然理解得深，也记忆得牢，学习效果也好。

我还要说说让孩子听课时多动笔记笔记的事。俗话说好记性不如烂笔头，记笔记不仅能让孩子集中注意力，也能加深孩子的记忆效果。原因是听一遍和记一遍的效果不同，听一遍是浅层单一的记忆，记笔记不仅要动脑概括，还要用文字这种可视符号来帮助记忆，而且过后还可以看笔记帮助回忆，这当然就记得牢固一些。

我女儿考上高中后，我的一个同事来借我女儿的课本，说要让她的女儿看看我女儿在书上做的记录。我女儿确实在课本上做了许多记录和标记，看这些确实可以看出一些重点问题，也能看出她的一些思路。虽然不知道这样做效果有多大，但这样的方式和学习态度当然是值得肯定的。事实上，同事的孩子学习成绩也一直很好，考上一所很好的大学后一直读到博士，毕业后又在大学任教。

以上介绍的是一些具体的学习方法，其实最主要也是最综合的学习方法，就是要善于总结规律，遇到每一个问题，都要找到问题的共性，然后给予归类。世界虽然纷繁复杂，具体的事物也无法计数，但都可以归成大类来加以认识。

比如，识字就要根据造字的大体规律，弄清是动手一类的字还是目视一类的字。动手一类的字一般要有手，目视一类的字一般要有目，和山有关的字一般要有山，沾水的字一般要有水……这样一归类，字也好记了，意思也明白了。

数学更是有规律的学科，课本的编排就是按类编写的，每学一个单元，就要搞清这个单元解决的是什么性质的问题，和前面的有什么不同，有什么联系。搞清这些了，就明白这类问题的特点了，遇到这类题就知道该怎么解决了，而不是每一道题都需要死记硬背。其他学科当然也一样。

　　学习方法很重要，但更多的学习方法需要孩子在学习过程中自己来摸索，因为学习不同的事物就有不同的方法，而且有些学习方法也不一定适合所有的人。只有自己摸索出来的方法，才最适合自己，效果也最好。

　　如果说得更概括一点儿，其实我们所有的学习都是在寻找方法和规律。如果学习时只盯着具体的问题而不善于归类，不寻找事物的联系，其实就不是真正的学习。做完了这一个，遇到基本相同的下一个，仍然不知道该怎么做。

　　当然寻找规律和方法也不是简单的事情，需要真正学懂原理，搞清类别，摸透特点，这就需要动脑，还需要有精益求精的精神，也需要有一定的学习耐心。要告诉孩子：学任何东西，都是一开始觉得很难，学一阵子掌握了规律和方法，就觉得简单了，这就是"难者不会，会者不难"，而且要让孩子在学习实践中能够真正体会得到，这样孩子在遇到问题时就会静下心来慢慢地耐心去思考，耐心去总结，这样不仅能学会，还能触类旁通，一通百通。

　　比如，我的女儿学滑旱冰，因为我们也不会滑，所以无法指导，她感觉很难。我们说那就算了，但她却说一开始难，会了就不难了，别人能学会，她也能学会，慢慢自己就学会了。

第六节　计划是一种态度

学霸养成小贴士：凡事预则立，不预则废。学霸的养成不是一蹴而就的，有一板一眼的计划，才会有一点一滴的进步。

给孩子制订学习计划，目的是让孩子知道学习是一件大事情，也是自己的事情，是自己每天的主要任务，必须得有个计划，每天必须得计划着来，得按计划完成目标和任务。孩子心里有计划，每天做什么心里也就有个底，什么时间该做什么，什么时间做完，都会有一个自己的安排。有一个计划，也就有了一个任务，这样时间长了，孩子就会养成自己的事情自己想，自己的事情自己做的习惯。

有了这样的习惯，孩子自己的事情就能自己完成，自己的事情就能自己做好，这样孩子的一切事情就好办得多。但制订计划毕竟是给孩子制订，执行也是由孩子自己来执行，所以在制订学习计划时，父母千万不要包办，更不能一厢情愿想当然来制订，一定要和孩子一起商量，一起讨论，一起确定，这样制订出的计划既符合孩子的实际，孩子也愿意自觉地去实行。

前面说过，我女儿很小的时候她妈妈就开始给她制订作息计划。什么时候起床，什么时候玩耍，什么时候学习，什么时候睡觉，这些都制订了一个大体，然后张贴在门后，目的是让孩子从小就知道人生是有计划的，是有要求的，也是有任务的，更是有纪律的，不是自己想干什么就干什么，想怎么干就怎么干。孩子从小有这个思想准备，就不会太任性，遇事也会动脑筋思考能不能做。

女儿上小学后，我们就给她制订了一些更详细的计划，主要是增加了一些学习方面的内容，比如晚上几点开始学习，几点前要完成，完成后自己要检查一遍，然后再回忆一下一天所学的知识，把没学会没掌握的再学一遍，如果还是不会不理解，就问父母，接着再预习明天的学习内容，晚上十点半必须要睡觉（上中学时定为十一点），如果到了睡觉时间作业还没做完，一般最多推迟半小时。

计划制订好后，一开始父母要监督孩子执行，等孩子适应了，也愿意去做了，这时就不要过多地监督，而是要让孩子自己去执行，也允许孩子按照自己的情况有一定的灵活性。因为过多的监督会让孩子产生依赖心理，也会让孩子产生父母不信任自己的感觉，而且自己的事情自己不计划，计划也就失去了作用。

我前面说过，制订计划，不是为了限制孩子，而是让孩子知道必须对自己的生活学习做出安排，孩子能够自己安排了，就是好事，没必要每天都让孩子完全按照规定的时间去做事，更不要再继续监督。因为教育人是最复杂的事情，最要讲实事求是，最要讲灵活应用。如果孩子仍然不能自觉地计划自己的事情，那就需要父母多监督一些，而且更需要按订好的计划来执行，让孩子知道有计划，继续按照计划执行，直到养成习惯。

我和家长们议论最多的就是作息时间的确定问题，孩子有时作业多，晚上十二点都完不成。我觉得这个问题要具体地去分析原因。

　　根据我的调查了解，大多数情况下，孩子做不完作业是因为孩子在学校不抓紧做作业，甚至本能地要把作业留到回家后才做，而且要父母辅导才做，这样晚上的作业当然就多。如果家长仔细看孩子的课程表，就会发现上面是有自习时间的，自习就是要让孩子来自己安排学习，如果孩子知道计划，有自己安排学习的习惯，他就会自己来安排，知道今天的作业多，就会在学校多找点儿时间来做，也会想办法挤时间来做。而如果今天的作业少，就会多安排一些时间来玩。如果孩子能自己安排自己的学习，就会把每天的学习安排得有条不紊，也不会把所有的作业都安排在晚上来做。

　　女儿上小学时，回家很少做作业，作业在学校就都做完了，作业多时，课间十分钟就做，目的就是能节省出时间回家看她喜欢看的书和电视剧。对此我也问过一些学习成绩好的孩子家长，他们的孩子几乎都和我的女儿一样，感觉作业并不多，孩子晚上大部分时间都是自己学习而非做作业。

　　原因一是知识学懂了做作业就快，二是在学校就抓紧把作业做完了。但自己不会安排自己时间的孩子，就会把在学校的许多时间浪费掉了，而且做作业也没有紧迫感，甚至只等回家后父母安排督促。这样就形成了被动学习的习惯，也养成了拖沓磨蹭的性格。

　　话说回来，如果有时孩子的作业确实过多，那也不能让孩子太过熬夜，家长应该先让孩子去休息，然后给老师写一个情况说明。这点也很重要。因为人体是有生物钟的，生物钟会调节人体的活动。每天按计划做事，生活规律了，生物钟就会按时按规律运行，孩子的身体就会健康，精神状态和智力也会调节到最好，更不会有睡眠不足和精神不振的毛病，孩子该睡觉时很快就能睡着，该起床时自然就能醒来，该到校学习时就能精力充沛地学习，这样孩子始终都处于一个良好的状态，这样学习的效率就高。对这个问题，我体会深刻，因此我认为很重要，也想详细地解释一下。

我晚上学习写作如果超过十二点，大脑就会持续兴奋，大半夜不能入睡，第二天一整天精神极差，无法集中精力工作。因此我特别注意作息的规律，不管工作情况如何，我能遵守作息规律就不打乱，到睡觉时间必须要睡。到工作时间，生物钟本能地就能进入兴奋状态。如果偶尔打乱，一整天都乱了，什么也干不好。

因为美国和我们这里有巨大时差，我的作息又一直很规律，因此我倒时差就比别人困难许多，反应也更厉害一些，晚上睡觉睡不着，消化系统却仍然按国内的白天时间工作，不仅很快就饿了，而且会像白天一样几次上卫生间。而到了白天，却瞌睡得睁不开眼睛，浑身没有精神，消化系统也不工作，饭也吃不下去，虽然坚持天亮起床，但起来也瞌睡疲劳得什么也不想干。这样持续一周多才能大体倒过来。

因此，我更想说的是，要想让孩子保持好的学习状态，一定要让孩子按计划按时作息。孩子如果长时间作息没规律，一天早睡一天晚睡，孩子的生物钟就会被打乱，一切都会失去规律，比如早上睡不醒，就会迷迷糊糊没精神，去学校后也会无精打采，学习效率低下，甚至影响到孩子的身心健康。在学校没学懂或者效率低，就浪费了大多数的时间，回家后的学习负担就更重，孩子也不会有一个好的学习成绩。学习成绩越不好，做作业就越慢，就越感觉作业多，越没时间休息睡觉，形成恶性循环。

给孩子制订计划，也是给孩子一个科学的态度，就是让孩子知道做什么事都要有计划，做什么事都不能盲目地去做，更不能心血来潮。正如老话所说：吃不穷穿不穷，计算不到就受一辈子穷。计算就是计划，会计算的人、能计算的人，就会把一切安排得好一些、科学一些，也会把事情做得好一些，做得精致精心一些。养成了计算的习惯，孩子就会遇事精心谋划，也能锻炼出深谋远虑的本领。

女儿考上北大中文系，就是她长久谋划努力的结果。2008年北京奥运会，那时她刚进入大四，选拔志愿者时，许多人怕影响考研而不敢报名，我们也有这个担忧，但我女儿决定要去，她的想法是奥运会她这辈子也许只能遇到这一回，她会把学习的损失补回来，而且北大的研究生大多数要保送，各方面表现好了更有机会。结果北大志愿者负责鸟巢体育馆服务，女儿被分配到了总指挥部通信组，负责领导们的联络工作，见了大场面，也见了一些领导和明星大腕，有了值得终生难忘和回忆的东西。

读研究生时，她除了计划学习，也计划安排将来的工作，早早就调查筛选，甚至登门请教，因此也早早选定了几个自己理想的单位。而我所在学校的许多学生，大多都被动地等待，被动地投简历，被动地参加用人单位的招聘会，当然难碰到理想的单位。

值得一提的是，那年和我女儿很要好的一个同学，看到我女儿有一个学习作息计划，回家也要求她父母给她制订一个，于是同学的母亲便来看我们的计划，把我们的抄了一份。后来虽然执行得没有我们好，但也起到了提示、约束、督促的作用，孩子学习的自觉性明显增强了，学习成绩也有了提高，她的母亲也多次说给孩子制订计划效果好，再后来她的孩子也考上了不错的大学。

女儿有了孩子后，对孩子的一切更是计划得一丝不苟。孩子每天睡多少小时，每天喂几次奶，什么时间喂，都要查找资料写到纸上。孩子需要添加辅食时，吃什么，吃多少，每天是否变换，都会查清楚计划好。孩子会玩时，玩什么，玩多长时间，哪些是益智的，哪些是健身的，都会考虑清楚，计划周全。这样坚持科学安排谋划，每天坚持让孩子按计划行事，孩子毛病就少，一切就有规律，生活也充实有趣，孩子也不会无缘无故哭闹，带孩子也不费力。

长时间按规律培养孩子，孩子不仅身体强壮，生物钟也规律，也知道遵守规则，能形成自律自觉的习惯。比如，早上起来要穿衣洗脸，她就会自觉地让父母给她做这些。早饭后要看图和玩玩具，她也会自己去做这些。稍大一点儿后，睡前让大人给她读图书，更是形成了自动的习惯。她会主动跑到书架前选择几本书，再抱着书上床躺下，然后等待给她读书。

再大一点儿后，允许她每天看一集电视，看完一集她就会和父母说明天再看下一集。等上了幼儿园，作息安排就更规律了，几点起床，从幼儿园回来干什么，都有明确的计划。比如，孩子在幼儿园不爱吃西餐，回来一进门就要吃零食，但我女儿只允许她吃很少的几片饼干或别的充饥，然后让她等待饭熟吃饭。

时间长了，外孙女就养成了自觉遵守计划的习惯，回来自觉地数出规定的几片饼干或零食吃。如此自律的孩子，长大以后当然也会听话、懂规矩。

给孩子制订学习计划，重要的是实事求是，按照孩子的实际情况来定。如果望子成龙心切，对孩子的要求过高，往往就会制订出过高指标的计划。拔苗助长的办法是不可取的。计划的目标太高，孩子就会感到压力，压力越大，孩子的逆反心就越强，不但无法执行计划，还会起到反作用。同时计划也不能太细太琐碎，太琐碎了孩子会烦，会感到没有自由，也会失去自己安排自己事情的可能性和积极性，最终会导致孩子厌烦，从而抵制计划，不执行计划，视计划为敌人，这样计划就成了孩子的阻力，也成了束缚孩子的"紧箍咒"，孩子也会想办法去应付计划。

那么，什么样的计划才算合适呢？我认为要观察孩子，让孩子既感到快乐而又不松懈为好，而且一开始要让孩子轻松一点儿，待孩子适应了计划，再慢慢紧张一点儿。要孩子愿意，也要孩子快乐地接受。

因此，制订计划，家长更要事先做出周密的计划，就像我女儿一样，要查找资料，弄清这个年龄的孩子的特点，搞清这个年龄的孩子能做什么，适合做什么，能做到什么程度，然后根据自己孩子的情况来制订计划。

第七节　把作业交给孩子

　　学霸养成小贴士：作业不是留给家长而是留给孩子的。
学会信任孩子，他一定会把作业做好。

　　学习是孩子自己的事情，只有自己想学，才能学进去，也才会有效果。如果孩子自己不主动学，或者自己学习的积极性不高，别人是没办法把知识装入孩子头脑中的。这个道理大家都明白，但在孩子面前，家长往往总是表现得比孩子智高一筹，总觉得自己能快速教会孩子，能把自己的一肚子知识教给孩子。这样的自信常常会导致家长以自己的主观愿望为依据，来要求孩子、教育孩子，而且开口总是"你要怎么做"或者"我要你怎么做"，表现出霸道的家长作风。这样主观和强势的家长，一般来说是教育不好孩子的。

　　原因很简单。一是家长要求孩子怎么做，是以家长的思维代替了孩子的思维，也代替了孩子的思考过程，在家长的指挥下孩子不思考，也不会往心里去。二是家长不是孩子，成人和孩子的思维是有差别的，以家长的思维去要求孩子、教育孩子，必然是"文不对题"，而且一切事情由家长来决定，孩子就会一切都依赖家长，学习也是给家长学。但家长又代替不了孩子，孩子也不希望被家长代替，特别是学习，只有自己想学才能学进去，只有自己去思考琢磨，才能真正学懂学好，记忆才能深刻，孩子也才能有学习的成就感，学到的东西也才是自己的。

因此，如果家长过于自信，过于强势，一切都要按自己的意思去办去学，孩子就会成为傀儡，没有了学习的主动性和积极性，自己的事情不去做，就会一切依靠家长，一切应付家长，甚至会怨恨家长，孩子和家长就会产生矛盾。

不陪孩子做作业，不辅导孩子做作业，就是对孩子的信任，是相信孩子能把事情做好，也是把担子压到孩子自己的身上。孩子得到了信任，就不会轻易辜负家长。也就是说，信任也是相互的，家长相信孩子了，孩子也会相信家长，会给家长长脸争气，会自己想法把事情办好。有家长会说我相信孩子，但孩子就是不听话，不管教不监督，孩子就不去做。出现这种情况，其实也是互相缺乏信任，因为没有哪个正常的孩子是天生就没有荣誉感的，只是我们没有给予应有的鼓励和信任。

鼓励孩子、信任孩子，孩子就会把自己当回事，就不会轻易辜负家长。相反，现在的许多情况是家长过于强势，也过于自信，甚至还沿用过去的家长作风，认为家长是孩子的主宰，孩子的一切都要由家长来安排，而且家长什么都懂，孩子什么也不懂，一切都要服从家长，也要按照家长的意愿办。这样的家长当然就不会信任孩子，孩子也不会信任家长。孩子得不到信任，就会故意不主动去做事，就会故意等家长来安排，这样就导致学习也要家长来陪伴和辅导，不陪伴不辅导孩子就不做作业。这样看起来是家长对孩子尽心尽力了，其实是帮了孩子的倒忙，也会害了孩子。

想想看，孩子有家长陪着，自己还操什么心，即使操心，往往说了也不算。要知道，做事和学习都是需要自己动脑子的，而且只有自己主动做、主动学才能做好、学好。父母整天陪着做、陪着学，时间长了，孩子就会变成旁观者或者甩手掌柜，父母不陪、不督促，孩子就不做、不学。这样孩子当然做不好、学不好，更无法得到家长的信任。

我有一个亲人是小学教师，他的儿子比我的女儿大一点儿，他对儿子的学习抓得很紧，他也很能吃苦且尽心尽力，每天吃过晚饭就坐在一旁辅导儿子做作业。但他的辅导，给我的感觉是他们父子两人在一起做作业，而且他仍然是老师，每一道题不问儿子哪里不会，也没等儿子认真思考，他就急不可待地讲解。

儿子做题时，稍一迟疑，他又迫不及待地说要怎么做怎么写。比如他辅导孩子做除法，算式中余数小于除数时，他问孩子该怎么办，孩子闷着头一声不响，他便问是不是要补零。孩子点点头，然后在算式中写一个零，再等父亲往下进行。整个过程孩子根本没动脑子想，就像一个木偶，父亲说一点儿动一点儿，不说就不动，然后机械地等待父亲给现成的方法和答案。

这样辅导孩子问题很快就暴露了出来，越辅导，孩子自己越不主动学，父亲就越急着辅导，也越辅导得勤奋卖力，结果却是孩子的学习成绩越来越差。父亲也越来越没有了原来那么好的耐心，往往在辅导中多了焦虑、急躁和责备，孩子被质问呵斥几声，慌张得不知所措。

我觉得这样下去不行，这样不是在辅导孩子，而是替孩子学习，剥夺了孩子自己学习的机会。因此我和他长谈了一次，详细说了我的看法，特别强调教是为了不教，辅导不是替孩子思考，也不是帮孩子做作业，而是当孩子不会时，告诉孩子该怎么去做。如果再进一步说，家长原则上就不应该辅导孩子写作业，只检查结果就够了，只有孩子遇到没办法解决的问题，大人才应该辅导一下。这样做的目的就是要让孩子自己学习，自己钻研，自己解决问题。但按他孩子当时的情况，完全不辅导已经不行了，只能慢慢摆脱。

那天我按我的想法为他做了示范。我不坐，只是站在孩子身边，像个旁观者，然后让孩子自己做作业。孩子半天做不出来，我问他哪里不会，他指了一下题里的括号。我告诉他，不会做题，是他上课时没用心听老师讲。我让他把书翻到前面的例题，把例题认真看一遍，再把例题和要做的题对照一遍，然后再做习题。孩子把例题认真看一遍后，我让他找出例题和习题的相同点和不同点。相同点和不同点找对了，稍微指点了一下，孩子很高兴地领会了，然后愉快地做对了习题。

和许多家长讨论这个问题，有不少家长有他们的理由，说现在孩子作业多，如果不陪着不指导，孩子就做不完，而且陪着孩子做能发现一些问题，也能在方法和技巧方面给一些指导，弥补老师教学的不足。这些话听起来有道理，但这些道理都是站在家长自己的角度来看的。

我前面详细说过，孩子做不完作业，是孩子做作业的积极性不高，是孩子不挤时间做、不想办法做。当然如果孩子上课时就没完全听懂，做作业也慢。家长陪孩子做作业，速度是快了，但孩子思考琢磨的时间就少了，记忆也就浅了，做作业的意义也就小了，而我们做作业并不是为了完成作业。至于家长弥补老师教学的不足，如果父母懂得教育规律，也熟悉教材内容，还可以弥补一下，如果不懂教育，不熟悉从小学到中学整个教学内容体系，很可能会讲乱整个教学内容，反而会造成孩子学习内容的杂乱和理解的混乱，让孩子更糊涂，从而觉得学习很难。

我周围的一些家长自己学历高，知识丰富，往往自信心十足，觉得自己能教育好孩子，结果大多是花了大量的精力时间教孩子、陪孩子，孩子的学习成绩却不见改观。而我认识的那些考上好大学的孩子，他们无一例外都是自学能力特别强的孩子，家长也都是不陪孩子做作业的。有一位家长直接告诉我，如果孩子让家长陪做作业，这孩子肯定是不努力学习的孩子，在学习上将来也不会有大的出息。

现在许多家长对孩子的教育抓得紧，往往会自觉不自觉地把自己当成权威，在孩子面前表现出很强的自信。具体表现就是什么事父母都有自己的主张，什么事都要按父母意愿来做，对孩子的学习更是表现为处处指点教导，每天按时督促孩子学习，按时陪伴指导学习。而且对孩子的期望值很高，也用成人的智力水平来理解孩子要求孩子，甚至给孩子讲解一些高深的学问。如果孩子做错题或者听不明白，家长就会失去耐心，从而要么指责孩子要么抱怨学校。如果孩子被指责得战战兢兢，当然就不能够平静地思考问题，同时也会感觉丢失自尊，会更加没有信心。

长期如此孩子就会失去自我，成为父母的附属，甚至傀儡，父母怎么说，孩子就怎么做，父母不说，孩子就不做，学习也就变成了父母的事情。因此这样的教育是最得不偿失的教育。而且父母在孩子面前自信强势，孩子必然就会弱势，就会什么事都不敢想不敢做，甚至干脆就不想也不做，成为一个真正的弱者。

我这样说绝对不是危言耸听，无数的事例都可以证明，如果父母太强势，不懂得调动孩子的积极性，不懂得依靠孩子去解决问题，就一定不会有好的结果。

父母不要小看孩子，更不要高看自己，不要怕孩子做不好作业，要敢于把责任压给孩子，把任务交给孩子，一切让孩子自己来决定，自己来思考，这不仅仅是信任，也是一种鼓励。这样一开始孩子可能会做得慢，也做不好，但一切都是孩子自己做的，也是自己思考的，孩子就会有做的乐趣，会有成就感，当然也会在思考和实践中摸索前进，慢慢会做得更好，而且孩子自己做不仅记得牢固，也能增长真正的能力和知识，也会慢慢成为学习的主人。孩子有了主人意识，一切就好办得多。

记得有一次我想看看女儿的作文水平怎么样，就擅自看了她的作文，谁知她一下子反应很激烈，不依不饶地责怪我为什么偷看她的作文。我虽然不明白她为什么这样，但我觉得作文是她自己头脑中思想情感的表达，作文的基本写作要求老师肯定讲了，我平时也给她讲得不少，至于她写了什么，应该由她去发挥，不让看也罢，因此我就再没看过她的作文。但她的写作能力还是不错的，上高中和大学时便在很多刊物上发表了小说和论文。

另一方面，因为我们很爱女儿，一直认为女儿很好，所以在女儿面前我们从来都是平等的，从不强势。相反，在学习和生活方面，我们在许多情况下还会表现出弱势，往往会说我们不如她，她比我们聪明。比如，一个问题她说得有道理，我们会立即夸她厉害，说我们怎么没有想到，还是她脑子聪明。

平日做事也一样，做好了我们就会这样夸。而且我们的夸赞是真心的，真的从心底里感觉女儿就是好，不少地方就是比我们强，没有半点儿虚情假意。我们不能小看了孩子，如果你夸奖得没有道理和虚假，孩子是能感觉出来的，这样孩子不但不会自豪骄傲，还会觉得父母虚伪、不诚实，孩子也会学得虚伪、不诚实。

女儿上了中学，许多事情就变成了我们和她讨论，许多情况下她如果说得有点儿道理，我们就听从她的。她上了大学，连她自己都认为许多方面比我们强了，因此在许多方面变成了她来指导和管护我们了。

外孙女学钢琴时，有一天我们视频，我要她弹几首曲子给我听听。她妈妈觉得她有些地方弹得不准确，便坐下来和她一起弹。弹完后我问外孙女她和她妈妈谁弹得好，外孙女笑着问妈妈谁弹得好。她妈妈说："我弹得好。"外孙女立即说："那就奖励你一朵小红花。"然后拿出一个小红花贴到她妈妈的身上。这时她妈妈又说："第一首你弹得好。"外孙女立即就说："那我也戴一朵小红花。"然后拿出小红花贴到自己的身上。她们母女这样玩耍学习，把我们都逗笑了。

父母不可能陪孩子学习一辈子，而且教育的目的是教孩子学习方法和技能，以后让孩子自己去学去用，因此我们让孩子做作业，不是单纯让孩子会做题，而是让他学会怎样解决这一类问题。因而学习中让孩子自己学、自己悟至关重要。其实这已经不单单是一个辅不辅导作业的问题，而是一个培养什么样的人和怎么培养人的问题。那么具体应该怎么去做，我想大概要从以下几方面去考虑。

第一，从一开始，父母就应该给孩子讲清楚："你马上就要上学了，上学以后，白天你必须要到学校去学习，就像爸爸妈妈每天都要去上班一样。到学校学习，就是让老师来教育你，把你教育成一个有文化有道德的人，所以你必须得听老师的话，老师教什么你就得学什么，而且必须得学会，学不会就问，学不会就没完成任务，就要受到惩罚，学不会以后麻烦不断。还有很多作业要做。做作业，是为了把学习的知识记牢固，把没理解的知识理解了，所以，作业必须要认真完成，如果完不成，老师会批评，爸爸妈妈也会生气。如果完成好了，学习好了，老师会表扬，爸爸妈妈也会高兴。而且学会了前面的，后面的学习就会越来越轻松，自由活动的时间也会更多。相反，不认真学习，要学的没有学会、没有掌握，以后的麻烦就会更多，会更苦恼，也更累，而且这种苦恼通常会陪伴一生。"反复给孩子灌输类似的思想，孩子就有了一个心理准备，也明白了去学校学习的道理，到时就会自己想办法往好做。

第二，不陪孩子做作业，也不轻易辅导孩子做作业，这就要求父母要相信孩子，要放手放权。具体可以这样做：当孩子从学校回来后，父母要过问孩子今天学了些什么，作业多不多，有没有没听懂的，甚至看一遍孩子的作业有哪些，在学校做了多少，如果在学校一点儿都没做，就要问为什么。然后和孩子商量几点开始做作业，几点做完再干什么等。这样孩子心里就会有数，到时候就会自己去做。同时，父母不仅要过问孩子的学习情况，还要做好孩子的后勤保障，把孩子做作业时的环境和吃喝保障好，并且多鼓励关心孩子，孩子不可能完全不听话。把道理讲清，如果孩子自己完成了作业就要表扬鼓励，等孩子的自信心树立起来了，学习习惯慢慢养成了，父母就可以完全信任地让孩子自己去做了。

不陪孩子做作业，也要勤过问查看孩子的学习情况，发现问题及时纠正解决。有的家长可能会问："如果不陪不辅导孩子做作业他就磨磨蹭蹭，甚至到半夜也做不完，这样该怎么办？"办法当然是有的，那就是要给孩子限制时间，鼓励孩子提高速度，父母也可以和孩子搞一些速度竞赛游戏，看谁做题做得又快又好。速度上去了，再解决质量的问题。

比如，发现孩子题做错了，家长要适当讲解，督促孩子快速解决。但有一点必须要注意，那就是作业不能太多。如果孩子每天都在题海中挣扎，每天做作业都做得很苦，而且好像永远也没有尽头，这样不利于调动孩子做作业的积极性。如果老师布置的作业确实太多，那么家长可以帮孩子筛选掉一些，然后写一个说明信夹在作业里带给老师，只要有道理，我想老师会同意的。

第八节　学习班不在多，在于精

学霸养成小贴士：补课班对孩子来说并不是多多益善的，专一而精往往比梧鼠之技更可取。

现在父母对孩子的要求越来越高，孩子间的竞争也越来越激烈，往往是光文化课学习好还不行，还要学习更多的本领。人家的孩子钢琴过几级，我家的孩子也要过几级；人家的孩子会画画，我家的孩子也得会；人家的孩子会打篮球，我家的也得学。在这种攀比风气下，孩子的负担更加沉重。而任何事物都有个极限，古话也说贪多嚼不烂。让孩子学的东西过多，孩子当然不可能都学会，唯一的可能就是都只能学个一知半解，但父母的愿望又要让孩子学好，这样孩子只能以弄虚作假或者消极怠工来应付父母，孩子易养成不论做什么事都浅尝辄止、不求甚解的毛病，从而影响主业的学习。

　　和同事们讨论这个问题，同事们都说现在的情况根本不是我女儿上学时的情况，现在人人都上课外班，课外班的水平也越来越高，效果也越来越好，如果你的孩子不上，就只能落后，起跑线就输给了别人，永远也赶不上别人。也说将来的社会对人的要求很高，大多数人都博学多才，上了大学，人家的孩子吹拉弹唱表演，你的孩子什么都不会，孩子自卑，怎么在学校立足？

对于这样的观点，我只能说想法很好，但缺乏实事求是的精神。人不是神，孩子也不是孙悟空，你想让他变成什么就变成什么，而是现实允许他变成什么才能变成什么。目前的情况是，努力学习学校的课程，已经让大多数孩子有点儿吃力，如果再加上更多的学习内容，对普通孩子来说，学习的东西太多，最后的结果很可能是什么也没学精，什么也用不上，很可能因此把主要的学业给耽误了。如果想让孩子上大学，那么一旦耽误了孩子中学的文化学习，后面的事情就很麻烦，因为在当下社会，文凭还是很重要的。比如某县城小学招聘教师，招聘条件第一条就是要求部属师范大学全日制本科毕业或者重点大学硕士毕业。因此，如果孩子上不了好的大学，将来能竞争的领域就很有限了。

如果想让孩子从事专业技能工作，那也要选中一个专业作为主业，比如要让孩子踢足球或者学游泳，那就要从小把足球或游泳当成主业。因为未来社会是一个高度专业化分工的社会，所以对专业的要求也相对较高，什么都会，什么都不精通，那么什么都做不好、做不精。因此，我们教育孩子就不能希望孩子什么都会、什么都懂。比如奥运跳水冠军全红婵，跳水专业好，文化学习成绩就不能要求太高，因为鱼和熊掌不能兼得，就得选择其一。

我的女儿上小学时，她的课业负担没有现在的小学生重，学得更轻松一些，有足够的时间和精力学点儿别的，于是我们就让她学了绘画和钢琴，但都是跟自己的绘画老师和音乐老师学的，地点也在学校，每周休息日去学几个小时，自己去自己回，孩子大人都没什么负担，而且学之前我们就告诉她，这只是个兴趣爱好，只是打点儿艺术基础，不要有压力，只管快乐地去学。

可能是因为没有压力，女儿反倒学得很快乐很认真，效果也很好，绘画老师要推荐她到更专业的老师那里去学，音乐老师也建议我们去考级。我考虑再三还是没答应，因为到外面去学路途较远，家长孩子都得跟着跑，要花很多时间。考级孩子也可能会有压力。艺术本来是个快乐的事情，劳累和压力会让孩子感觉不到快乐美好，学习的作用也就不大。如果增加她的压力，很可能会影响到她对生活的热情甚至性格，我当然不愿看到我的孩子有压力、不快乐。到五年级课业稍重一点儿时，我就果断停止继续学这些，而是让她集中精力快乐轻松地学习学校的课程。

需要说明的是，我女儿工作后，她自己买了钢琴，有空想弹了就弹奏一曲娱乐，那时打下的基础也足够她自娱自乐。女儿有了孩子后，绘画知识也派上了用场，她能教孩子绘画涂鸦，也能教弹钢琴。因此，我不是说学一些课外知识没用，而是说要适当，不能太多，不能影响到主要知识的学习。

我女儿有个小学同学，学了绘画，钢琴考到了八级，还学了舞蹈和乒乓球，因为没考上大学，找到的工作单位效益又不好，现在每天考虑的都是柴米油盐，而绘画、钢琴等陶冶情操的艺术，早让位给了生活，小学时学的那些艺术也忘得干干净净。

学习的东西越多，孩子的学习负担就越重，越不可能都学懂学好。孩子越学不懂学不好，越没有学习的兴趣，渐渐也会没有学习的信心，更不会有成就感，这样孩子要么厌学反抗，要么应付差事，想着能应付过去就行。时间久了，孩子就会养成应付父母的坏习惯，最后的结果只能是什么都知道一点儿，什么都不精通，甚至什么都干不好。

父母对自己的孩子期望高一点儿可以理解，但父母更应该理性，即使孩子真的聪明，那他也是孩子而不是神仙，不可能什么都能学好，更不可能什么都比别人强，更何况社会是有分工的，也就是闻道有先后，术业有专攻。

正确的办法是从小学开始，家长就要想好孩子将来要干什么，孩子有哪方面的天赋，父母有哪方面的特长，孩子向哪个方向发展。如果想让孩子先考一个好的大学，那么孩子的主攻方向和目标就是学好学校教育的内容，如果还有更多的时间和能力，再按孩子的兴趣爱好学点儿别的，但这些只是对学习生活的调节和丰富，不能和主业同等对待。如果一开始就想让孩子学一门专业技能，那就要把一定的精力集中到专业技能上。

因此，让孩子学什么，家长首先自己心中应该明确，应该有一个长远打算和目标，还要结合孩子的爱好和自身条件。如果父母心里就没有个方向，什么都想让孩子学，过高地估计孩子的能力，看到人家的孩子学什么就让自己的孩子学什么，甚至想让自己的孩子成为一个全才、天才，都是不切实际的一厢情愿。即使孩子真的特别聪明，那也要留有余地，不能给孩子加得太满，要给孩子留出玩耍娱乐的时间空间，这样孩子才能感觉到生活的快乐，也才能有学习的快乐和成就。

学习是一个人一辈子的事情，不要期望在孩童时期就让他把什么都学会。要知道，过犹不及，什么事情太过了，就会适得其反。如果孩童时期孩子学习得很快乐，他就会养成学习的爱好，就会一辈子学习。如果孩童时期学习压力大，即使孩子咬牙挺下来，但到了能松口气时，就会松口气不再学。以后的社会，是一个一时不学就落后的社会，这和农耕文化时代不同。农耕时代，爷爷怎么种地孙子仍然怎么种地，几天就能学会，学会了一辈子都能应用。而现在，几天不看信息，就有新东西不懂了。

另一方面，如果让孩子学的东西太多，孩子吃了苦却收益甚微或达不到预期目的，对孩子的学习积极性也是一个大的打击，孩子也会失去学习的动力。

第九节　做孩子成长的合伙人

　　学霸养成小贴士：学霸背后一定有坚强的后盾，而好的父母就是要成为这个后盾，跟孩子同荣辱、共进退，为孩子健康成长保驾护航。

　　孩子上学后，大部分时间要在学校度过，在学校的学习情况怎么样、和同学相处得怎么样、有没有什么问题等，家长都要经常了解清楚，有了问题的苗头，就要及时解决，防患于未然。另一方面，自己孩子的情况也最好向老师讲清楚，让老师关注一下，老师也会做出有针对性的教育。如果孩子在学校有了问题，最好也要协同老师来解决，这样才能把问题解决好。

　　前面说过，我上学时害怕老师，也被同学欺负，很长一段时间每天去学校都提心吊胆。因此，我的女儿初上小学那段时间，我和她的老师联系就很多，除了问孩子的听课情况和学习成绩，我更关心我女儿和同学相处的情况。了解清楚了这些情况，有问题就能及时解决，孩子在学校才能安心学习，才能快乐地好好学习。

　　我的女儿小学和初中都是在我们学校的附属学校上的，老师也基本住在校内，常常都能见到，也很熟悉，见了面问问孩子的情况也很自然。而且为了表示对老师的尊敬，我们见了女儿的老师，总要主动上去问好攀谈。女儿的学习没有问题，老师说的也都是好的方面，偶尔说她的不足，也是说她胆小、文弱。

其实我知道女儿为什么这样。女儿从小读书多一些，她的心理年龄就比同龄的孩子大一些，她也不愿意和他们打打闹闹，因此就有点儿不太合群。这我和女儿多次谈过，她仍然表示和他们打闹没意思，玩有意思的她才和他们玩。我知道女儿这样不好，人是社会的人，和同学们在一起玩就是在学习社会。但我也知道她的心思在书本上，她整天读那么多的书，当然沉浸在书中描写的那个氛围里，这样就没心思和同学们闹着玩。这样一来她和同学相处就有点儿问题。

大概是在女儿四年级时，有一天她身上起了一些红疹，我想课间带她到校医室去看看。当时他们已经下课，孩子们乱哄哄地在教室里玩，女儿却一个人在座位上坐着。路上我问她为什么不玩，她说男生太讨厌，老把人往她身上推。

我知道这个时期的男生刚有朦朦胧胧的青春意识，发生这样的事无法避免，女儿躲避也是个办法。因为就在一个多月前，他们班上有个男生揪一个女生的辫子，那个女生很勇敢地回击，两人就打了起来，然后两家的大人又互不相让，闹到了学校，吵得不可开交，两家都成了仇人。鉴于此，我只能告诉女儿，等再大一点儿就好了。但很快就发生了一件事情。

有一天我看到放学的路上几个男同学欺负一个女同学，不仅推推操操，还抓起土往女同学的头上撒，而且还不断地说脏话。我当时喊了一声，几个男生就走开了。回来我对女儿说这件事情，谁知女儿脱口说："你不知道我是怎么被人家欺负的。"然后满眼泪花。

我当时心里一惊，细问，女儿说上课时后面的男生要么揪她的头发，要么往她后背上贴纸。下课时有人推拉她，也有人乱给她起外号，还有人没事找事戏弄她骂她，故意在她面前说下流话。

我问她为什么不告诉老师，女儿说老师也管不了。我知道女儿的学校里有些孩子特别调皮捣蛋。我虽然觉得事情严重，也很心疼女儿，但也一时间想不到好的办法。我问她他们欺负不欺负别的女同学，女儿说也欺负，但有的女同学会反抗吵闹甚至打架，有个女生一巴掌把男生的鼻血都打出来了，厉害的女生他们也不敢欺负。女儿的性格软弱，怕事不惹事，自尊心也特别强，她当然无法忍受他们这样的欺负侮辱，但她更不愿意和他们吵闹纠缠。

我决定向老师反映一下。女儿却坚决不同意，说越闹事情越麻烦，如果人家的父母再来闹，就没完没了了，这会严重影响学习，还不如她忍一忍。女儿想得如此成熟，我知道是她长期思考权衡的结果，也是她一直不告诉我的原因。我只能安慰她，说再过几年大家长大一点儿就好了，再大点儿就都懂得团结友爱了。但我还是一直在想办法，刚好就有了一个机会。

一天下午我陪女儿在校园马路滑旱冰，女儿在前面滑，我跟在后面走，突然传来一个男孩喊我女儿名字的声音，然后那个男孩就用脏话说我女儿滑得像什么，并开始说下流话，而且一步步往我女儿跟前走。我快速上前，男孩看到我后，撒腿便跑。因为女儿说就是他经常欺负她，我决定一定要追上他，把问题解决掉。

我边追边喊他站住，有话要和他说。男孩终于站住了，但他做出了一副要和我对抗的架势，也许他认为我会打他。也就是他的这副对抗架势，让我一下冷静了下来。我知道这样调皮的孩子是吃软不吃硬的，因为批评甚至打骂对他来说已经习以为常，他应对的办法就是进一步对抗。而鼓励和讲道理对他来说可能是陌生的，效果也许会更好。

于是我拉住他的手，问他我的女儿哪里得罪了他。男孩只摇头晃脑不回答。我一定要他回答，他仍然摇头晃脑不吭声。我知道女儿没惹他，于是我又问为什么欺负我女儿。他仍然只摇头晃脑一副不服气的样子。这时我开始给他讲道理。我先告诉他欺负我女儿，我的女儿很痛苦，也很伤心，再问如果别人欺负他他是什么感受。对此我说了很多，感觉他已经充分明白这些道理了，然后我告诉他同学关系多么重要，同学应该怎么相处，同学应该怎么成为朋友，男同学应该怎么尊重保护女同学。

那天我说了很多，因为我觉得他的父母没有认真地跟他说过这些。我看到他脸色渐渐平静友好下来后，我又开始哄他，鼓励他，说他是个好孩子，让他把我女儿当成小妹妹，当成好朋友。我问他同意不同意，他小声说同意。

这样我就放心了。于是我把女儿叫过来，先让他们两人握手表示友好，然后让我的女儿叫他哥哥。女儿叫了，他也答应得很愉快。这样我继续教育两个孩子，告诉他们以后怎么相处，并且我要女儿以后一直叫他哥哥。但过后我觉得事情还不能这么结束，校园打闹欺负着玩是个普遍现象，这种事还是老师管一下最好。我还是找班主任老师说了这事，后来老师告诉我，他整整讲了半节课，讲得很严厉，以后会好一点儿。后来果然好了许多。也就是说，许多事情老师说要比家长说效果好，而且有些家长无法解决的事，老师就能解决。

现在的孩子受到的家庭教育比我们那时好，孩子也比那时文明了很多。但孩子就是孩子，孩子间打闹或者欺负弱小，多数情况是没什么原因的，打闹欺负就是单纯取乐，也是孩子的天性，因为人一生下来也是一般的动物，动物一生下来就是玩耍打闹。有些孩子的父母对孩子教育得少，学前也没给孩子讲清楚应该注意什么，应该怎么和同学相处，所以孩子才任性胡来。

当然，即使父母讲清楚了，如果孩子不能很好地控制自己，也会以打闹来取乐。小学生正是最贪玩又不懂事的时期，在一起喜欢互相打闹取乐，踢一脚推一把都不可避免。如果因此闹矛盾，如果家长再参与进来互不相让，事情就会很复杂很麻烦。

另一方面，有些孩子总喜欢恶作剧，甚至把戏弄欺负别人当作乐事，这样就总会有孩子被别人欺负戏弄得无法忍受，造成孩子害怕上学或害怕和别人玩耍的问题。这些问题如果不能及时解决，孩子不仅无法安心学习，很可能会出现意想不到的事情。这时就必须要和老师沟通，让老师来出面解决。

我外孙女上幼儿园也有类似的事情发生。有一个小男孩经常打她，有一次把外孙女的脸抓破了。这种事幼儿园的老师只能告诉对方的家长，对方家长也只是道歉并承诺管教孩子。但美国人管教孩子也只是说教，并不惩罚，而且三岁的孩子哪里懂得什么道理。

这样我女儿只能求助老师，让老师多操点儿心，不要轻易让两个孩子到一起。同时我女儿也告诉孩子，说那个小男孩一到她跟前她就躲开，躲不开就推开，推不开就跑到老师面前。

虽然外孙女自己主动和那个小男孩交朋友，那个小男孩也同意成了朋友，但老师其实也做了许多工作，比如让家长每天都要把孩子的指甲剪掉，也多次教育批评那个小男孩等。此后，外孙女在幼儿园一直很快乐。

多和老师沟通，不仅要询问孩子的学习情况，也要多问问孩子的交友情况。人类是群居动物，孩子一般都喜欢交朋友。但如果孩子过于在意交朋友，势必会影响学习。如果孩子交友不慎，那就会跟着学坏或者一起干坏事。

站在我家阳台，就可以看清附中的校园。有一阵子每当课间操时，就有几个男生躲到教学楼后面吸烟，而且常常叼着烟打闹嬉戏。我们知道，染上烟瘾的人，大多是因为和吸烟的人在一起而被引诱。中小学生交吸烟的朋友，更容易一起去吸。中小学生吸烟，家里不大可能支持，孩子有了烟瘾又偷偷摸摸吸，自然会干出坏事。

有一天我就看到一个学生踩着另一个学生的肩膀，把教学楼门上的一块铜牌摘了下来，踩踏折叠后，揣到怀里跑到校墙下埋了起来。但走几步又觉得不合适，又回去将铜牌扔到校墙外，然后翻墙走了。

现在的中小学生虽然很少做这种事，但那么多学生，难免有贪玩或有乱七八糟想法的人，如果交了这样的朋友或者被这样的学生影响，不学好甚至干坏事也是很容易的事。即使交的朋友不干坏事，在一起就只交流一些吃喝玩乐，或者传递一些负面的信息等，危害也会很大。

不和老师交流，只听孩子的一面之词，如果孩子欺骗家长，后果也非常严重。有一位小老板的儿子，小学时的学习成绩也不错。

上初中时，小老板把儿子转到了一所住宿制学校。因为孩子一直撒谎说他多么多么优秀，家长也就放心地不和老师联系。

三年后儿子没考上高中，家长才跑到学校去问情况。原来儿子进校后就很能炫耀自己，结交了一个轮滑滑得好的同学，很快就入迷并且把轮滑当成了追求的目标。他的轮滑技术得到同学们的赞扬后，他又教别的同学，给别的同学买轮滑鞋。后来又成立了轮滑协会，自己当上了会长，然后常和外面的轮滑青年交流玩耍，一起搞比赛活动，最远滑行几百公里到另一个城市。并且儿子一直都骗他的钱。

小老板每当说起这些都后悔得责备自己，说他太大意了，觉得那是一所收费很高的学校，就三年没细问过孩子在学校的详细情况，也没和学校的老师联系交流过，导致发生了这么大的事他都不知道。

孩子交什么样的朋友很重要，如果孩子结交好的朋友，就会向好的朋友学习，然后一起努力，甚至你追我赶都不甘心落后，形成一个竞争向上的良好局面。但世界上的任何事物都是辩证的，物极必反，什么事都不能过分，因此我们既要教育孩子团结同学，但又不能让孩子把过多的精力放在处理和同学的关系上，更不能让孩子结成帮派式的铁哥们儿铁姐们儿。

道理很简单，孩子到学校主要是去学习，结成铁哥们儿铁姐们儿，维护铁哥们儿铁姐们儿都需要时间和精力，如果处理不好，反而会被哥们儿姐们儿之间的鸡毛蒜皮弄得精疲力竭纠缠不清。

另一方面，如果结成哥们儿姐们儿，会有一种人多势众的感觉，会有一种胆壮不怕的意识。大家聚在一起，就总想干点儿什么，如果哥们儿姐们儿之间有人有不好的想法，很可能在哥们儿姐妹儿意气下一起去做，时间久了，往往会做出让人意想不到的事情。

因此，在孩子的青少年时期，家长了解清楚自己的孩子，就显得非常重要。而这时的孩子，大部分时间是在学校，因此经常和老师联系，是了解孩子最好的办法，因为孩子在学校交了什么朋友，一般来说老师是清楚的，也是不会隐瞒的。如果只问孩子，孩子就不一定告诉你真话。

我觉得家长不仅要多关心孩子在学校的情况，也要主动为孩子创造一个良好的学习环境。家长多和老师沟通，甚至和老师交朋友，也可以给孩子创造一个好的学习氛围。因为孩子如果知道家长和老师关系密切，就不敢轻易撒谎，更不敢轻易做坏事，而且孩子也会主动和老师示好，这样孩子就愿意听老师的话，学习上也会努力得到老师的好感。

那年我们学校分住房，我家分到了六楼中间的一个单元。妻子的一位朋友说六楼中间单元不好，说中间单元有个通往楼顶的出入口，刮风会把楼顶的土吹下来，很脏。于是这位朋友想办法帮我把我家调到了另一个单元。

几天后，女儿同学的母亲突然打来电话，问我们为什么把房子调到了另一个单元。得知原因后，同学的母亲说我们搬家把她害惨了，说她想和我们住对门，让她的女儿和我的女儿一起学习，让我的女儿带带她的女儿，她费了很大劲才把房子分到我们对门，现在我们换了，她还要想办法换过来。我知道分房换房都不容易，但那位母亲硬是又换成了和我家对门。

可住到一起后，我们很快就发现有问题：一是那个同学每天晚上来我们家一起学习，和我女儿两人总要嘀嘀咕咕说一些闲话，有时还要玩耍打闹，学习的效果当然不会好，因为她们毕竟是孩子。

二是两人太过亲密，女儿的同学不仅晚上一吃过饭就背着书包过来，而且上学要和我女儿一起走，放学也要一起回，给人的感觉是形影不离，这样肯定也不好。

俗话说君子之交淡如水，如果两人整天形影不离，难免会有磕碰。即使没有磕碰，时间长了，也可能对彼此失望，可能积累矛盾，最后把关系搞僵。因此我觉得不如晚上各自在自己家学习，碰到问题，两人再互相交流。我把我的意思和女儿同学的父母说了，同学的父母也同意我的意见，这样直到几年后我搬新居，两个孩子一直相处得很好，女儿的同学在学习上进步很快，她母亲也说她的女儿一直在学习上自觉追赶我的女儿，虽然没追赶上，但学习的自觉性加强了，学习的成绩提高了。后来她们又考上了同一所高中，高考时这位同学也考上了理想的大学，现在在政府部门工作得很好。

第四章

培养孩子的学科视野

　　偏科的孩子当不了学霸。语数外、政史地、物化生，拓展孩子的学科视野，能让孩子健康、全面地发展。

第一节　语文，让孩子学会认识世界

学霸养成小贴士：学好语文，就是掌握了一把打开其他学科的钥匙。

语言文字是人类文明的标志，是人类认识世界的工具，也是人类思维的工具，比如说"兴高采烈"，如果不懂这个词语，脑中就没有这个概念，更不会想象出兴高采烈那样一幅图景。头脑中的语言文字越丰富，对事物的理解能力就越强、越深刻。而且语言文字是为其他学科服务的，是学习一切文化科学知识的基础，没有语言文字，人类就无法很好地交流，无法很好地认识事物，也无法完成其他学科的学习。

因此，学习语文，就是掌握认识事物的工具，也是掌握学习的工具，丰富大脑的内容。具体来说，就是通过语言的交流，通过大量的阅读，积累知识，提高思维的能力，提高分析问题、解决问题的能力，从而更好地学习掌握其他学科知识。

前面说过，我的女儿从小就特别爱听故事，晚上不听故事不睡觉，那时我最发愁的就是琢磨每天给她讲什么故事，我也急切希望她快点儿长大，快点儿识字，然后让她自己去看书去认识事物。正因为她听的故事多，她不仅说话早，语言表达能力也好一些，她也会听话。

女儿一岁八个月去上幼儿园，就能听老师的话，也能配合老师的教育。上小学后，我就给她买了许多带拼音的儿童读物，让她借助拼音注音去阅读，这样一方面学习了语言文字，另一方面也增长了知识。这样阅读一年多，她就能不借助拼音来阅读了，她有了一片新的广阔的天地，书也把她带入了一个神奇的世界。她阅读的兴趣也更浓、更广，什么书她都想看，什么知识对她都是新鲜的、有吸引力的，能看懂大意她就看，这让她学习认识了更多的事物。同时她的语言表达能力也得到了很好的发展，造句作文自不用说，理解文章的能力也强，文章的段落大意、中心思想她看一遍就能说出大概，这样当然经常受老师的表扬，学习的积极性也就更高涨。

女儿三岁时，有一次我们给她买了肉夹馍，她拿到手后立即说不对，应该是馍夹肉。七八岁时，有一天被她母亲批评后坐在沙发上哭，她母亲开始收拾屋子，这时女儿却突然对着她母亲喊："糊涂涂、常有理、铁算盘、惹不起。"她母亲问她在骂谁，她立即说："我在说赵树理小说中的人物。"一下把我们都逗笑了，她也满意了不再哭。

语文学好了，理解能力强了，别的学科学起来也容易得多。比如数学，加减法的意思理解了，列式计算时，就知道为什么要数位对齐，为什么要借一当十。乘除法的意思理解了，就知道乘法为什么要每一位都相乘，除法为什么余数不够除补零后的商后面要加小数点。还有那些文字题，比如"产品增加了100个"和"产品增加到 100 个"。如果不理解意思只死记硬背做习题，就无法真正学懂学会，而理解了，遇到这类问题就知道该怎么去解决。

同样的道理，语文学好了，学习理解物理化学也没有问题了，因为物理说通俗了就是物质内在的道理，道理懂得了问题也就好解决了。化学虽然是研究物质结构和变化的，但也遵循一定的道理规律，明白了道理规律当然也就解决了问题。而历史和地理学科，从学习的角度说，也应该是语文的一部分。因此说，学好了语文，也就有了学好其他学科的基础。

那年暑假我带我们学校的学生参加社会实践活动，我女儿也一起去了，因为我们学校的两位教授带着研究生在这里搞研究，我们请他们一起吃饭，其中一位教授是澳大利亚人，他不明白我们为什么要请他白吃白喝。他带的四五个研究生虽然英语不错，但还是没解释清楚。

这时我女儿用英语做了补充。她讲中国有句老话叫在家靠父母，出门靠朋友；讲中华民族是一个热情好客、重礼仪重情谊的民族；讲两千多年前孔子的仁爱思想，特别说明"有朋自远方来，不亦乐乎"的深刻含义。澳大利亚教授听得频频点头很有兴趣，高兴地竖起大拇指说他完全明白了，也了解中国人了。接着掏出笔记本，很认真地边问边记下了这些话。

过后，澳大利亚教授对我们说，我女儿英语说得比那几个研究生好，更主要的是对中国文化的理解比那几个研究生好。我告诉他，我女儿是北京大学中文系的学生，他应了一声表示理解。

那么如何学好语文呢？我们这里做一些具体的讨论。

首先是读书。读书破万卷，下笔如有神。既然有了"神"，那就能普济万物。我们知道，人的认识来源于实践，而读书是间接的实践，是前人的实践，是最有智慧的人的实践经验总结，所以读书就是快速高效的实践。一个有学问的智者穷其一生，充其量也就结晶出一两本书，而就这一两本书也是在阅读前人著作、汲取前人智慧和实践的基础上形成的，而这种几千年无数人智慧的结晶，我们阅读几天几个小时就能获取学到。所以读书当然是最快捷、最方便、最经济的了，否则如果靠我们自己实践摸索，一辈子也摸索不出几个道理。

同时，读书也是在给我们的大脑输送营养，书读多了，我们的大脑就会被知识浸润，被知识武装，大脑就会成为一个充满知识和能量的大脑，一台装满了软件的电脑。

比如我们去看古阳关，一行人下车，肉眼能看到的就是一个小土堆，周围一片荒原。大家一下失望得连声抱怨，但我的大脑却不由得激动兴奋起来：世事变迁沧海桑田、边关烽火金戈铁马、戍楼刁斗边关明月、行旅客商土匪马贼、爱恨情仇妻离子散……万千思绪像浪潮一样扑面而来，一下子压得人喘不上气来，我几乎哽咽。然后就是胸中一浪一浪的感情冲动，觉得这片土地是那么的沉重，每一寸都掩埋着历史，每一寸都诉说着故事，每一寸都浸润着血泪，每一寸下面都有刀枪箭矢，每一寸都有爱恨情仇。我浑身无力，思想感情像潮水一亲，就想在这片土地上坐一坐躺一躺，一直坐下去，坐到地老天荒。

这就是说，读书多了，大脑这部雷达就会更加灵敏，就会发现隐藏在事物背后的东西，发现隐藏在表象内部的东西，不仅能极大地助力学习和理解，也能极大地助力科学研究，让人无论做什么都能看得深看得远，受益终身。当然我们也不需要所有的孩子都这样酷爱读书，但读书是获取知识最便利、最快捷的一种方式，这应该是毫无疑问的。

重要的话再说一遍：一个智者穷其一生才写成的书，我们几个小时就学习完，读书当然是最好的学习方法，当然也是最经济实用的方法。现在许多孩子把读书学习当成了任务，也当成了苦差事，而且我们的家长也认为读书就是只读课本和辅导书，孩子读一些课外书，家长就如临大敌，就认为孩子不务正业，是在玩、在浪费时间，甚至连电视也不让孩子看。想想看，孩子的知识只局限在课本里，孩子的脑中只有课本知识，孩子的思维当然也会局限在课本范围内。而世界这么大，这么点儿课本知识，怎么能应对得了这么大的世界？

另一方面，只学课本，孩子脑子里就只装了课本这几个软件，不装其他应用软件，怎么能进行别的应用操作？

前面说了，读书是间接实践，而直接实践才是一切认识的基础，没有这个基础，我们就无法理解书中的知识。比如我们没到过月球，靠书本解释很难理解在月球上真实的感受；如果没见过大海，对大海的理解也许就是大池塘。可见实践就是认识的基础。因此只读书不实践，我们的理解和感觉就达不到真实的要求，也会理解错误。

反过来，只实践不读书，我们的实践也会盲目和低效，比如去游泰山，如果不知道有关泰山的历史文化知识，那泰山就是一座普通的山，游泰山的感受也只是看到的石头树木。相反，如果有了泰山及上面的文化遗迹知识，就会觉得每一处都是历史，都是文化，都是人文思想，都是生存智慧，都是爱恨情仇。因此，只有把读书和实践结合起来，读书时才能理解得深刻，实践时才能感悟得透彻全面。

说到实践，人们自然想到行走、体验、参与，但我们能亲自去做的，一般来说都很有限。随着科技的发展，我们的实践手段也更加丰富，比如各种影像图片等，这些同样可以给我们提供一些比读书更直接的实践。比如我们没到过海边，但电视里的大海，就是摄影人员看过和体验过的，把他们看到的体验到的再展现给我们，我们就有了比书本更直接一些的实践。

但许多家长从小就不让孩子看电视，原因大多是怕浪费时间。其实不让孩子看电视，就是蒙上了孩子认识世界的一只眼睛，也让孩子失去了一条社会实践的长腿。

我的女儿一岁多就迷恋电视，在她眼睛能承受的范围内，我们每天都让她看。最能说明问题的是那年播放电视连续剧《渴望》，我的女儿也一下入了迷，寒假后回她姥姥家，那里的电视台正在播放这部剧，许多村民都跑到她姥姥家看，每播放完一集播广告时，人们就急切地问我女儿后面的事怎么样了，我女儿就能说得头头是道。

该剧的首播时间是 1990 年 12 月，寒假回她姥姥家是第二年元月，那时我的女儿三岁半。一个三岁半的孩子能够记住几十集电视剧的情节，把一屋子来看电视的村民惊得不相信，这不能不说是对我女儿的一个巨大鼓舞。

另一方面，这样的一部大剧，就是一部当时的社会生活史，那么多生活经验通过观看贮存在她头脑中，那就是一笔丰厚的实践知识财富。头脑中知识多了，智力能力就会超越同年龄人的水平，在这个靠知识立足的社会，当然会站在前列。智力超越同龄人，表现在学习上，就不只是语文学得比同龄人好，而是学什么都会比同龄人容易得多。

也许有人会说现在的孩子学业重，没时间游玩，没时间看电视，也怕把眼睛看坏。其实大脑是需要调节的，学习课本知识累了，看一会儿电视，大脑能得到休息，眼睛也能得到调节。我女儿的学习都是这样调节的，高三要高考，她仍然保留这个习惯，学习累了，就出来看一会儿电视，大脑在得到调节休息的同时，心理也得到了休息，也不会觉得学习单调和枯燥，学习效率也高。

当然最重要的还是直接实践。我们住在校园，每天下午吃过饭，人们都会在校园里散步转悠，我们也每天抱着她领着她转。那时她妈妈在校团委工作，许多活动要在晚上和学生一起搞，她妈妈就带着她，让她和大学生们玩，许多大学生也喜欢带着她玩。

到她能自己实践时，她能参加的活动我们都让她参加，她能去的地方也让她去。她大三暑假时，她表姐在伦敦居住，我们便让她去伦敦玩。虽然那时人民币兑英镑汇率是十五比一，我们还是筹钱让她去了。

我的女儿又如此培养她的女儿。她女儿一岁多就爱看动画片，两岁多就爱看故事片了，而且看了就常常模仿学习。比如她看了《冰雪奇缘》，就要穿艾莎的衣服，穿上后就模仿一些剧情。带她到迪士尼乐园，她见到园里那些人物的扮演者，就跑上去和人家对话，而且一下就能进入剧情，也知道自己扮演什么角色，做什么动作，让许多人赞不绝口。

思考也是重要的一环。用眼学习只是把外部的事物反映进大脑，如果不思考，事物就变不成知识，知识也变不成自己的认识和能力。

思考和记忆不是一回事，思考是串联大脑中相关的知识以对目标知识的深度再认识，只有思考了理解了的东西，认识才深入准确，记忆才牢固，才能成为自己的知识，才能懂得怎么用，也才能应用自如。

我在电视里看到记者采访一位英国著名大学的校长，校长说中国的多数大学还不能称为真正的"大学"，因为这些中国的大学培养的是学生的记忆能力，考试也是填空题、判断题、选择题，而他们则绝对不允许出这样的题，他们只问为什么。

我的理解是，问为什么，就必须得去思考，得把头脑中的知识串联起来，得搞清来龙去脉，去搞清原因原理是什么。其实我们学习的目的，就是为了搞清事物的来龙去脉（包括社会人文科学）。搞清事物的来龙去脉，就必须要深入地思考，记住一些道理是不够的，单纯记忆的东西也容易忘记，而且现在手机的搜索功能越来越强大便捷，人脑费力记住的东西，手机几秒就能搜索到。同时记忆越牢，越不利于创新，因为记忆越牢，遇到问题凭记忆不用思考就能做出来，只能成为一个熟练的"装配工"。而记忆不清或者不准确，自己回忆思考摸索折腾，说不定就能思考出个新东西。

所以，我们让孩子学习，就要让孩子思考，学习数理化要思考清楚道理，学习语文这门社会人文科学更需要思考清楚为什么。因为语文讲的就是世间的道理。学生懂得道理了，就能创造性地理解更多知识，这就是学习能力。我们让孩子学习，其实就是培养孩子的学习能力。

活到老学到老，少年时代的学习，就是为终身学习打基础，培养孩子的学习能力，就要让孩子多思考，弄清为什么。孩子思考多了，道理明白多了，学习能力强了，效率也就高了。

遗憾的是我们现在的教育，更多的是让孩子记住知识，甚至是让孩子死记硬背，特别是语文。这种培养记忆能力的教育，到了大学缺陷就表现得更加突出，许多需要理解、需要回答为什么的问题，学生往往是张口结舌，每次让回答问题，学生就本能地急忙去翻课本寻找答案，而且越是学习成绩差的学生，思考能力越差。而学习成绩好的学生，思考能力则要好一些。

因此，我们培养孩子，必须从小就要培养孩子的思考能力，每一个问题，都要问为什么，把为什么当口头禅挂到嘴上，让孩子把遇到的每一个问题，都要在头脑中问个为什么，形成习惯，学习就好办得多，这样也才能真正地学到知识。

和一些家长讨论这个问题，家长会说现在孩子应对学校的课程都很紧张，没有时间让孩子读课外书。当然这也是事实。但应该看到，我们的教育也在改革，考试也越来越重视知识的广泛和应用，死记硬背越来越不能适应未来的需要，知识面广的孩子，考试成绩就不会差。另一方面，磨刀不误砍柴工，学生知识面广了，理解能力就强，学习效率就高，就会有充足的时间来阅读课外书籍，形成良性循环。

第二节　作文，让孩子学会自我表达

学霸养成小贴士：学好写作，帮助孩子提升思维能力和认知能力。

写作是一种综合能力的应用，学习语文很重要的一个应用就是写作，因此语文考试一般都要有作文，分值占比也不少，这是因为作文是综合能力的体现，写作需要运用综合应用分析能力、判断能力、思维能力、想象能力、语言文字应用能力等。既然是综合能力，那么语文学得好不好，思维能力怎么样，作文就能体现出来。

但也要看到另一种情况，写作也有一些技巧或者要求，缺少写作训练，缺少一些方法技巧，作文也写不好。那么怎么培养孩子的写作能力，如何让孩子写好作文呢？我认为这个问题很重要，因此专门用一小节来做一些分析讨论。

说到写作的本质，那就是通过语言文字，把自己头脑中的认识和思想情感有目的地记录下来。也就是说，脑子里有什么就写什么，脑子里怎么想就怎么写。这样说起来，写作应该是件容易的事情，但孩子却普遍怕写作，也说写作难，并且许多人写出的文章也达不到要求。因此有不少老师在我面前抱怨，说他的研究生写论文话都说不通，更别说逻辑思维能力，把人累死也没法修改，问我怎么才能让他们写好论文。这当然无法一两句话说清，下面我们就先分析一下原因，然后说一些解决的办法。

作文难，或者不会写作文，如果从根本上分析，大体有两方面的原因。一是孩子的阅读量小，见识也少。想想看，许多孩子从幼儿园开始就学英语、技能和自然科学，而且生活也大体是从家里到学校两点一线，当然不会去思考衣食住行这些生活上的事情，这种情况下孩子脑子里本来就没有要写的东西。二是写作教学方面的问题。我们的作文教学，总是把它当成一门理论来教，什么主题思想、材料选取、表达方式、段落大意、修辞应用等。面对这么多空洞的东西，孩子别说写，想一下就蒙了。

因此，小学生面对作文题目，总是想别人是怎么写的，老师是怎么教的，要用什么表达方式和修辞方式，脑子里没有自己要写的东西。

现在来说怎么解决。解决上述第一个问题的办法，当然是多读书多实践，这里就不赘述。解决第二个问题，那就要对症下药，孩子写作文时，首先不要让孩子把写作当成一门高深的学问，也不要先教孩子写作的方法，更不要给孩子看范文，而是问孩子想写什么，即使是命题作文，孩子也可以自己选择要写的东西。比如命题作文让写"我的校园"，孩子可选择的内容就很多。比如写校园环境、校园变迁、校园的学习氛围、校园的欢乐景象、校园的总体情况等。如果选择熟悉的方面，孩子就有话说，也会有真情实感，就能写得好一些。

先解决孩子不知写什么也无话可说的问题，让孩子有话要说，然后再针对孩子作文中表现出的突出问题，讲一两点写作理论和方法，这样孩子就能领悟这些理论和方法指的是什么，在下次的写作中就能应用这个方法改正错误。也就是说，写作方法是在写作实践的基础上产生的，先让孩子自己写，写自己感兴趣的，写自己有感受的，让孩子有话说，让孩子觉得写作不难，然后解决孩子作文中存在的问题。一个具体问题一个具体问题地解决，一个方法一个方法地学习，日积月累，才能掌握写作要领和技巧，从而写出符合要求的文章。

　　有一天课间我在休息室休息，几个年轻老师说起自己的孩子清明扫墓回来写作文。一位老师说她的儿子写得特别好，她一连看了好几遍，都能背下来了。说儿子的作文开头就写道："今天我们怀着无比沉痛的心情，排着整齐的队伍，迈着无比沉重的步伐，去烈士陵园扫墓。"然后她兴奋地说："我儿子的作文关键是最后写得好，他说我们今天的幸福生活，是千千万万个革命先烈流血牺牲换来的，是他们的鲜血，才染红了我们的红领巾，成为五星红旗的一角，我们戴着烈士鲜血染红的红领巾，感到无限的光荣。"

　　另一位老师沮丧着说："你别提写作文了，我儿子把我气死了，他说今天他们高高兴兴排着整齐的队伍，去烈士陵园扫墓。他竟然说高高兴兴，一点儿脑子都不动，简直要把我气死了。"

　　然后这位老师问我究竟怎么教孩子写作文。我的观点是，如果说有教孩子写作的方法，那就是先让孩子写自己想说的话，而且是感受认识最深的话，就像平日说话一样来写，把想表达的思想情感表达出来。也就是说，小学生的作文其实就是说话，说的当然是自已经历过的思考过的话，没经历过的孩子也想不出来。

孩子写怀着沉痛的心情去扫墓，如果孩子的心情真的沉痛，这样写当然很好，说明孩子的认识和情感都达到了一定的程度。但也有可能孩子没完全懂得扫墓的真实意义，没感觉到沉痛，而是看了这方面的文章，模仿写的。因为我小的时候，也说红领巾是烈士的鲜血染红的，是红旗的一角，那时我就真以为是血染的。对于一个十多岁的孩子来说，如果不理解这些话的深刻含义，这样模仿着写，就不是写自己的真情实感，当然也起不到写作的作用，这样下去也会养成模仿和不动脑筋的习惯。

而另一个孩子说今天他们高高兴兴排着整齐的队伍去扫墓，虽然情感不对，听着也让人有点儿别扭，但他可能说的是当时的实际情况，当时的实际情况可能就是大家一起到野外活动，觉得很开心很热闹。

如果从写作的角度去说，孩子按照真实的情况写，写当时真实的心情，这样写虽然和主题不符，但写作的路子是对的，照这样写下去，孩子才能有东西可写。因为心里的话是说不完的，心里的话是最愿意说的，也是自己最感兴趣的，也觉得最有意义、最有动力去写的。当写作成为一种诉说和表达的乐趣的时候，写作也就不是一件难事了，因为谁都有表达情感和思想的欲望。

至于写高高兴兴去扫墓的那位学生，这就可以趁机对他讲一讲写作的主题思想，告诉孩子怎么样才算主题明确。这样的写作练习多了，孩子说话的能力就会大大加强，思维能力、判断能力也会提高，自然就会应用一些写作技巧，把文章写得更恰当更有文采。

但不得不说的是，现在教学生写作文，我总觉得老师和家长讲的写作规矩太多，写作理论太多，技巧和修辞方法太多。讲那么多的规矩、理论、范例，其实就是在用一道道的绳索来捆绑孩子们的想象和思维。讲得越多，孩子脑中的规矩越多，对孩子的束缚就越多。孩子被紧紧地束缚住了，孩子脑子里都是那些条条框框，不能发挥自己的想象，当然就不知道该写什么，也不知道怎么来写，就觉得写作很难。

另一个问题就是孩子一写作文，老师和家长就要求孩子多参考范文，孩子的作文写成后，也往往会用那些大众化的范文做标准来评判孩子的作文。

有一次我到一位同事家，同事的孩子放学回来一进门就大声喊着要他妈妈快开电脑，说老师布置了作文，他要在网上查找参考文章。其实查找参考文章，就是模仿套用东拼西凑，会影响孩子自己动脑子思考，让他无法在头脑中形成一套完整的自己的思路，更难结合自己的真情实感，也就不可能挖掘出自己头脑中独特的感受。

但并不是说绝对不可以让孩子读范文，其实所有的课文都是范文，范文要平时读，写作时，就最好不要读，读了思路就会被带跑，写不出自己的作文。

我教学生写作，首先要给学生讲的就是要写自己熟悉的生活，写自己真实的感情和思想。我让学生写一篇反映校园生活的散文，有好几个学生模仿朱自清的《荷塘月色》，写自己在校园小路上散步的宁静心情，但只是空泛地直接说心情怎么样，没有通过景和事来表达，更没有真实散步时应该有的想法和情感。还有的虽然写了景和事，但写的也只是眼前的景、眼前的事，和自己的感情联系不上，总体感觉就是拼凑文章。这种文章读给学生听，学生没有一点儿感受，也说不出什么。

然后我会再念一篇散文，也是我教的学生写的。这篇散文的大意是：因为家里困难，她不得不靠打工赚钱吃饭。因为找不到别的兼职工作，便在牛肉面馆做钟点工，在学生吃饭高峰时，端饭擦桌子，晚上做一些洗盘碗洗蔬菜的工作，每天干三四个小时，报酬是饭店管一日三餐。她干得很卖力，老板对她也很满意。寒假放假回家时，她盼望老板能看在她干得好的分上，给她一点儿回家的路费，但老板却一分没给。

对此她十分伤心也很不满意，心想难道她就只是一个饭桶吗？于是开学后老板又叫她去时，她就坚决拒绝了。但一日三餐又立即就成了问题，这时她才意识到，一日三顿饭也不容易，也要花不少的钱，而且一顿不吃就饿得不行。她也明白，吃饭不是一件小事，老板管三顿饭，也是一笔开支，老板赚钱也不容易，父母赚钱更加艰辛。

这样的作文，不仅写了她的真实生活、真实的遭遇，也写了真实的思想、真实的情感，我每次给学生读，都要禁不住哽咽，许多学生也哭了。然后我告诉同学们，写文章，就要写这种有真情实感的文章，这样的写作也才有意义。不痛不痒的文章，就是无意义的文章，也是浪费纸张。

写作文要写真情实感，同时也需要丰富的想象。想象是写作的翅膀，也是写作的基础能力，因为写作不是材料的堆砌拼凑，而是一餐盛宴的安排制作，这中间就不可缺少总体的想象和对材料的加工，没有创造性的想象，就很难写出创新性的文章，甚至也无法筹划好加工好文章。

要写出好文章，就必须得有新的发现和新的想法，就需要这种创造性的想象，这种发散的思维，要上下五千年、纵横八万里地想，而且思路还不能按惯性和常规往下想，因为常规的思路就是重复而不是创作，写出来的文章也是老生常谈。

所以写文章时常常要用逆向思维，要反着想，要往左右想，要往别人想不到的地方想。这些要求虽然有些高，但一开始就应该给孩子说清楚这些，让孩子写作时不要总考虑同类型的文章怎么写，也不要考虑人家怎么写，甚至东拼西凑，而是要自己动脑子，想自己独特的，想别人想不到的，写别人不曾写的，这样练习写作才能写好，才能写出有新意的文章。

上面我举例的那篇餐馆打工的作文，里面可能也有想象，说不定某些细节也是虚构的，但它符合生活的真实。那篇作文是快二十年前的事，那时我就常见学生手举寻求家教的牌子苦苦等待，每年寒假都有学生到处张贴广告上门擦玻璃打扫卫生，因此大家都认为餐馆打工这样的文章就是真实的生活。这就是说想象仍然得依靠真实的事物和生活，想象也是以现实为基础的，是以脑子里已有的知识和认识为酵母，将面前的事物和脑子里的酵母搅拌在一起，才能变成可口的面包。

因此，我们要告诉孩子，写文章，不能紧盯着面前的事物和材料，要在已有的事物和材料面前结合大脑中的知识展开联想，要由甲联想到乙，由乙想到丙。

比如，一个学生写校园的松树，就联想到家乡的杏树，再想到小的时候每到杏熟就剥杏肉晒杏干，到了冬天就砸杏仁卖杏仁，然后再联想到那年父亲送他到学校，看到校园里这么多树却没有一棵能结果实。进而联想到嫁接技术，把学校的杨柳树嫁接成苹果树。

这样一路联想下来，一篇有滋有味的文章也就写成了。如果让写校园就死死地盯着校园，不敢越校墙一步，就会觉得没什么可写，没什么可说。

写作最重要的并不是方法，而是头脑里存储的东西，因为一般来说写作就是把头脑里贮存的思想和事物通过语言文字有形化。曾经有人讲过，他憋了一年也没写出一篇文章，妻子便问他是不是写文章比她生娃还难。他只能说生娃是肚子里有娃，写不出文章是脑子里没有文章。而要让孩子脑子里有文章，除了社会实践，就是要孩子大量地阅读文章，读得多了，词汇量自然就大了，语法规则自然就掌握了，使用语言自然就自如了，而且满脑子都是文章。写作时，满脑子的文章都会跳跃活动起来，都会交织纠缠碰撞起来，各种奇思妙想也会争相露脸，可选择的东西就琳琅满目，可使用的材料也俯拾皆是，下笔时才能成为一个将军和富商。这就是古人说的"读书破万卷，下笔如有神"。

让孩子大量阅读是提高孩子写作水平的关键，但我不赞成让孩子背诵大量的文章。因为背诵要花的时间太多，背多了脑子里冒出的也可能是人家的东西。我们的语文教育，从古到今有背诵的传统，但我要说的是，古代可读的书少，能够读到的书更少，而且社会需要的书和知识也就是那些经典的东西，这当然可以背诵。而现在，我们处于知识爆炸时代，不仅传播的知识多，而且需要的知识也很广泛，知识的更新也快。处在这样一个知识时代，花大力气背诵文章就有点儿得不偿失，背一篇文章的时间，足以精读几十篇文章，从几十篇文章中得到的知识和作用，要远远大于背诵一篇文章，而且背诵的东西因为记忆太牢固，往往会束缚创新，背诵得太多了，写出来的东西就有别人的味道。而阅读得多了，众多知识会融合在头脑中，大量的知识在头脑中翻腾杂交，才能孕育出新的东西，这样思考出来的文章既是自己的，也有无数人的，是一个杂交优势品种，也是一个自己的新品种。

但也不是说不能背诵，如果是孩子确实喜欢的文章，背下来也是件好事。而且那些非常经典的文章必须要背一点儿，中小学甚至大学语文课本里就有很多要求学生背诵的篇目，对学生来说，背诵这些也就够了。

写作文既需要多读，也需要多练，不断地练习写作，才能熟能生巧，才能有所提高。就像我们吃饭，天天吃，吃得多了，举筷、夹菜、送入嘴中、咀嚼、吞咽一气呵成，而且还达到了自动化的程度。但写作不一定每天都要写正式的文章，孩子随便写点儿感兴趣的感想、日记都好。

另一方面，写作就是内心情感的表达，练习多了，孩子也就愿意用写作这种方式去表达内心的情感，就不再把写作文当成是一种任务，甚至是苦差事。有了写作的乐趣，文章当然就能写好。

我小的时候因为爱看书，作文就写得好一些，常受到老师的表扬，所以我特别盼望写作文，写作文时也特别认真，要动一番脑子，这样就能得到老师更多的表扬，我写作的热情也就更高。女儿也一直喜欢写作文，还常常有文学创作的冲动。

事实证明我女儿也有这个创作能力。上高中时，她便试着写了一篇短篇小说，我稍作指点修改便在《青年作家》上发表了出来。以后女儿又陆续在《清明》《北京文学》等杂志上发表了小说和评论文章。

第三节　数理化，让孩子懂得规则道理

学霸养成小贴士：学好数理化，让孩子知晓世界万物的规律与道理。

数学、物理、化学是从现实中来，去解决现实的问题的，因此它们是实践性的科学，也是从现实中总结探索规律和道理的科学。明白了道理，知道为什么是这样，那才能算学懂了、学会了。

目前不少学生对数理化的学习好像进入了一个误区，认为数理化就是做习题，习题会做了，却不知道这些题能够解决现实中的什么问题，也没完全弄懂这样做的原理。

我记得我们那时的课本更注重理论和实际的结合，更注重讲道理：讲三角形的稳定性，就画一个四边形的猪圈门，四边形的门会左右变形，为了稳定，两对角间加一根斜木条，构成两个三角形就稳固了。讲三角函数，就画一个工人测量高楼，画出一条边和一个到达楼顶的角度，然后告诉学生这样就能计算出楼有多高，用实例说明三角函数要解决的一些问题。现在的课本很少有这些，开篇就讲习题，学生对原理和应用的理解也就比较模糊，甚至有学生认为数学就是计算。

有一次，我问大学生三角函数有哪些实际应用，竟然有学生回答不上来。数理化如果死记硬背狂做题，花费大量时间却不知道道理和规律，这样不仅不能学懂，也不可能长时间记忆。如果明白了道理，就不需要做具体的记忆，用道理就能解决一大类问题，而且还能触类旁通活学活用。这个世界看起来宏大复杂，但都互相联系，又大体遵循相同的规律，因此弄清了规律，就能理解同类事物和相关事物。在理解的基础上再做习题也就容易得多，也不会轻易做错。

女儿很小的时候，数数只会数她的手指头，然后再加上脚指头。为了让她知道数字和实物是一一对应的，吃东西时，就问她吃几个。她说吃几个，就给她数出几个，然后再让她数，让她明白她说的数量，就是实物中的这些东西。

不要认为多此一举，如果你仔细思考，就会发现把实物和数字联系起来并不是简单的思维，有些孩子能数到几十，却不知道六个苹果多还是八个苹果多，更不知道数字和实物的对应，让他拿出五块积木，他就不知道该怎么办。有一个孩子上幼儿园大班了，看图做题时，三个苹果加两个苹果是几个苹果都不会，这就是不知道数字和苹果的对应关系。

女儿上小学后，学到加法，我就问她加法的道理；学到乘法，就问她乘法的道理；学到除法，就问她除法的道理。如果说不清楚，我就给她用实物讲解。讲解时为了让她看得更直观明白，讲乘法时我用实物小球和加法比较，以此来讲明乘法是加法的简便运算。讲除法时，我用实物讲平均分的道理，也演示乘除互为逆运算的道理，直到她完全懂了为止。

后来学物理、化学，每一种物理现象，我都要让她先明白道理。比如学浮力，我就反复给她讲浮力为什么等于所排水的重量，也告诉她为什么计算轮船的装载量要先考虑浮力。化学也是如此，首先要让她明白道理和现实中的事物，然后再讲书中具体讲的是什么，代表了哪一类事物以及为什么会这样。

女儿上小学时，那年带她去姥姥家，姥姥家来了一个大米换小麦的商贩，一斤大米换一斤七两小麦。她舅舅称了三十五斤大米，我当时一下也没反应过来要给人家多少小麦。而女儿却迅速蹲在地上画，二三十秒钟就算出来了。我走过去看，原来是用比例算的。这个方法虽然不是最简便的，但说明她学比例时已经弄懂了基本的道理。

女儿教她的孩子时，也是这样教的。外孙女还不到两岁时，就知道十以内数的含义，让她吃几片饼干就能拿出几片。外孙女三岁时和我们视频，问姥姥姥爷每人吃三个鸡蛋，爸爸妈妈和她每人吃两个鸡蛋，一共要吃几个鸡蛋。她就对着镜头把姥爷姥姥各数三下数到六，然后对着爸爸妈妈每人数两下数到十，然后又想着自己数到十二。

我们上小学时，学加减法老师要让学生拿几十根草棍，几加几要数着算。现在的许多家长教孩子加减法不用实物而是直接教列式算，大概是和现在的家长学历较高有关，认为教孩子就要用学术的方法。但我要说的是用实物教孩子和用抽象的方法教孩子，对孩子的教育和影响是不一样的。抽象地教孩子，孩子就没有具体的概念，孩子会死记方法而非道理，方法很多，题型不一样方法就不一样，而道理却是一类，同一类问题就是同一个道理。

另一方面孩子的抽象思维能力有限，会觉得算数很难，也没有具象的乐趣，更不知道在做什么，孩子不懂而稍加压力，他就会厌烦，更不会有学习的兴趣。无兴趣学习，对孩子来说就是一种负担，长此以往，就会影响孩子的学习心理，也会影响孩子对别的学科的学习。

女儿小时候，她吃馒头我就让她算馒头，吃荷包蛋让她算荷包蛋，买东西让她算买了几个，这些都是她面临的问题，算对了就对她大加赞扬和鼓励，因此女儿算数的积极性一度很高，遇到这些就抢着算，而且算完还缠着我们给她出难题让她算。这种状况持续了很长一段时间，因此女儿上幼儿园时对数的认知和计算就比其他孩子好，上了小学就信心更足，好像学什么都不怕难，学什么都想弄清楚道理，这样学习起来就轻松愉快，也有研究探讨学问的乐趣。上高中时她的数学也不差，只是要学文科，就没放太多的精力在数学上，比奥数班数学学得好的孩子差一点儿。

我说学习数理化重要的是理解，但不是说做习题不重要。做习题是更好地理解和应用原理，而不是只为会做题。因此，做题就不能死做题，要边做题边思考题目的道理，边做题边想题目的特点和类别。道理懂了，特点知道了，类别清楚了，同一类的题就都会做了，就不用钻入题海搞题海战术。数理化的习题看起来很多，但归纳起来也就那么些类型，把每类的特点抓住了，同一类的问题也就解决了。

也许有人会说熟能生巧，题做多了速度就快，失误也少。这当然有一定的道理，但问题是过多地做题耗费时间，而且死记题型不一定能全部记清记住。其实教科书中的习题，一般也是考查学生的理解程度而非运算速度，考试的试题更是注重理解，运算过程一般都不会很复杂，我们平时做题锻炼出的运算速度也就够了。

因为女儿喜欢文科，所以数理化方面的学习要相对松懈一点儿，小学阶段一直没给她买过参考书和习题，初中也只买过一本数学参考书，她自己也没怎么多做题。到了高中，对数学仍然抓得不紧，我有点儿急，但她说我不用担心，道理她都懂了，解题的方法她也会。因为中考时她的数学考得不错，我也相信对数学她确实是学懂了，就只给她选择了两本习题集。高考时，她的数学成绩也还不差。

相对于政史地，数理化的规律性要更强一些，更确定一些，课程之间的联系也更紧密一些，而且许多知识环环相扣、互为基础。教材的编写，就充分地考虑到了这些，数理化学习的先后顺序及时间，都是按照孩子的认识能力和各学科之间的联系来确定的。如先学加减，再是乘除，然后是有空间想象力的几何。有了一定的数学能力，才能学物理和化学。如果家长按照这些顺序规律超前教孩子，会有一些效果；但如果家长没按这些顺序规律去教，很可能把孩子的学习弄得乱七八糟，花了时间，反倒使孩子一片混乱，更不知所以然。

女儿有个小学同学，因为他的爷爷是副教授且退休在家，爷爷便早早地教他学习，上小学时，这位同学已经学完了小学四、五年级的数学。刚入学时，简单的加减法对这位同学来说确实是小儿科，老师夸他聪明，我女儿也很羡慕。但学到难一点儿的加减乘除混合运算时，因孩子学得不系统，掌握得也不牢固，把许多东西搞混了，却又自以为会，课堂回答问题时就常常说错，和老师教学的想法也不一样。受到老师的批评，又一下不知所措，很快就陷入了矛盾畏难状态，这样数学反而学得一塌糊涂。而且以后爷爷再教，孩子也不信任爷爷，本能地反抗，后来发展到了害怕和厌烦数学。到初中，这位同学学数学花的时间很多，但成绩一般，也影响了别的学科的学习，文科知识更差一些，总体的学习成绩也一直都很一般。

当然也有成功的例子。女儿高一时的奥数班有个同学，他母亲是数学老师，从小就按教学大纲超前教自己的孩子，而且孩子慢慢也有了学数学的兴趣，初中时获得全国奥数竞赛二等奖，高中毕业因数学成绩突出保送进了国内顶尖的大学。

这就是说，数理化是有规律的科学，每门课都有自身的规律，而各门课之间也有联系，也就是说它们是一个宏大的系统，不是独立和孤立存在的，学习这三门课时，我们就可以联系起来学，互相对比着学，互相参考着学，这样就可以加深理解，拓宽思路，开阔视野，将三门课一起学好。

如果你决定要提前教孩子数理化知识，让孩子的学习进度超前，就必须要有系统地教，要按照教材的大纲来教。如果随心所欲，没有计划，不明白知识的衔接，也没弄清各科之间的关系和联系，最好还是别教，因为这样教孩子，不但不会起什么正作用，往往还会起反作用。

第四节　人文学科铺陈开一张认识世界的网

　　学霸养成小贴士：学好政史地，帮助孩子认识一个多姿多彩的世界。

　　历史和地理从学习的意义上说是不分家的，而这两科知识又和社会密切相关：人是社会的人，也是历史的人；山川河海，也被人类赋予了各种意义。因此历史、地理知识既是社会知识，也是人文知识，各科融会贯通起来学，和社会知识结合起来学，不仅能互相印证，也能互相解释，从而全面深刻地领会这些知识。

　　另一方面，把这些知识结合起来学，就是在联系实际学，学习起来就不会感觉空洞，而会兴趣盎然，也能钻得进去，深入思考。如果学习文科知识死记硬背，记住的就只是条文，并不能真正地了解事情的始末和前因后果，更无法和社会现实联系起来。这样学习起来就枯燥，没有思考的东西，也不会有感情的融合，因此不可能产生兴趣，就很容易忘记，更不能将这些知识融会贯通，也不可能用这些知识来分析问题、解决问题，考试时如果遇到需要发散性思维的论述题，就无法回答。

女儿上小学后，我就给她买了一套六册精装版的《上下五千年》。这套书以故事的形式串联历史，既是历史，也是精彩的文学故事，女儿很喜欢阅读，也容易记忆。到中学学历史时，这些故事就自然和历史联系了起来，女儿不仅能将整个历史脉络串联起来，也记得更加清楚，能全面地理解一些事情和问题。

　　我还给她买了两张很大的中国地图和世界地图，都挂在女儿床边的墙上，她看历史故事或者其他书时，书中提到的地理知识，比如地理位置、山川地形、自然资源、行政区划等，都会对照地图把这些事情弄清楚。

　　也正因为如此，在女儿开设地理课后，她的头脑中已经有了一些地理知识，这时学习地理课，就要容易一些。课程学得轻松快乐，学习的热情也会高涨，想了解更多知识的愿望也更强烈，她也会自己去寻找更多的这方面的知识来补充。

　　因此，这种联系实际的学习，把两科知识和社会知识综合起来的学习，既是学习知识，也是深入地认识社会，把各科的知识落实到社会生活中，进而从综合的角度来深入全面地进行思考，把知识学得更加深入。

　　比如学到大禹治水时，她就会想到我说过的河套地区那些治水的事。那年我父亲被派到河套地区后，那里正在人工开挖一条叫二黄河的总灌渠，父亲落脚后的第二天就被送到了工地，十几年无休无止地开挖支渠、干渠、斗渠、毛渠。一到灌溉季节，总是半夜突然敲锣打鼓叫村民去堵决口。

　　女儿头脑中有这些故事，自然就会和我讨论一些治水方面的事，也知道治水的重要和不易，会说到精卫填海，也会说到古人为什么总要住在水边。这样不仅能真正学懂这些知识，也能分析应用这些知识。因此，学习历史、地理知识，并不是要学生记住这些知识，而是要他们理解这些知识，从而以史为鉴来治理社会、改造社会。

另一方面，因为中学生已经有了一定的思考和探索的能力，把历史、地理以及社会知识融合起来学，就是一门综合思考探索的学科。综合起来学，就有了一种探索的乐趣和成就感，学习就再不是一种负担和任务，而是一种思想的渴望和需要。

我女儿从小喜欢读书，因此学习历史、地理这些知识时，她自然而然就会和社会知识联系起来，和一些问题联系起来，从而进行深入的思考。这样一来，她不仅把这些知识学得好，而且很有兴趣，充满了快乐和满足，读到一些问题，她就会到处找一些相关书籍查证拓展。

带着兴趣和研究去学习，对知识理解得就全面深刻，应用起来也就灵活自如，遇到这方面的考题，即使记不准确，也能根据相关的知识和当时的其他情况做出一些正确的判断，不至于什么都答不上来。比如那年我女儿高考，有一道文综大题是要考生从历史、地理的角度看甘肃河西走廊的千年变迁。这样的题如果不能把历史、地理、人文社会融合起来考察，就很难回答从游牧到农耕的变迁过程及变迁的原因。

把语文、历史、地理、社会等学科统称为文科，就是基于它们的相关性和联系性，这些知识不仅你中有我、我中有你，而且还互为前提、互相印证。

具体来说，语文中就包含了历史、地理、政治等知识。遇到语文课里面的历史知识，就要查看一下具体的历史；遇到地理知识，就要查看一下相关的地理书籍；遇到政治知识，当然也要看一下有关的政治问题。而学习历史课时，遇到文学知识、政治问题或者地理问题，同样也要查找一下这些知识的具体内容。

比如，我们学鲁迅先生的《藤野先生》，文中提到富士山和仙台，就可以从世界地理中查一下这两个地方。文中提到日俄战争和朱舜水时，也要从历史书籍中查找一下这方面的资料，好对这段历史有一个具体的认识。学习历史时看到韩愈的古文运动和王安石变法，就应该查找一些两人的有关诗文来印证。

这样结合起来学，就不仅对单科知识理解得深，同时也对相关学科的知识做了应用性的学习。把各科知识融合起来学，就是研究型学习、实践性学习，同时也是形象生动有趣味的学习，这样当然记忆牢固，也有研究的成就感，也才能真正学到知识。

女儿对语文、历史、地理等文科知识都喜欢，学习时不仅结合起来学，也互相参考印证着学，用探究的方法去学，因此她不仅知识面广一些，对一些事情的分析判断也要深一些。

比如，看到报道说某县的苏武山就是当年苏武牧羊的地方，她就提出了自己的见解，认为司马迁写苏武牧羊也是听到的故事，书中对苏武在哪里牧羊也只说了个大概方位，因此她认为那时的匈奴不可能把一座山取一个苏武的名字，而且游牧民族居无定所，即使有这么个名字也不可能流传下来。

她的理解是明代在那里修长城，戍边将士大多是苏皖一带移民，他们来到这个荒无人烟的地方，当然会觉得他们是当代的苏武，于是便把脚下的山起名为苏武山，行走的道路取名苏武路，并且建寺庙来纪念，把庙也叫作苏武庙，如此代代相传了下来。虽然此时她已经是大学生了，但我还是为她这样的见解吃惊，这样的见解我认为也是很有探索性的。

第五节　与网络和解

学霸养成小贴士：互联网是一把双刃剑，千万别让网络"毁"了孩子。

可以形象地说网络就是个百宝箱和魔术盒，里面有无数的信息和未知新鲜的东西，孩子利用网络去学习，比如查找资料，听网络教学课，阅读网络文章，观看图像和影视，都很方便快捷，这些方面往往是传统教学和学习工具无法比拟的，效果也是良好的。因此，人们说现在的孩子聪明，其实就是摄取的信息和知识比过去的孩子多。

比如我们小的时候，没有电视，没有网络，只能待在一个地方，能见到的事物就那么多，能得到的信息更是少得可怜。我十几岁出远门见到山时，山的高大壮观让我震撼不已。而现在的孩子，轻轻动下手指，就可以随意得到想要得到的信息，看到想要看到的东西，甚至能将整个世界置于眼前。这样方便快捷直观的学习，当然是别的工具无法替代的。

但任何事物都有其两面性，正因为网络里的东西太多太丰富，刺激性也很大，孩子就很容易选择那些轻松无益的娱乐，而且会迷恋甚至成瘾。根据有关数据，孩子迷恋网络，特别是男孩，百分之八十以上迷恋网络游戏。这是因为网络游戏能够满足青少年的控制欲、攻击欲和占有欲，从而产生控制快感、攻击快感和占有的满足感，也能将胸中的压抑和欲望发泄出去。

比如，在现实中你无法驾驶战机，无法发射炮弹，也无法将别人打倒消灭，在网络中就基本能够实现。在现实中人和人搏斗是互伤而痛苦的，在网络游戏中就可以变成轻松快乐的宣泄，而且还可以让自己变成无畏的勇士仗剑行走天下，这更满足了人性中最原始最本能的勇武野性。在史前，人类和普通动物一样，不但要捕获食物，还要攻击对方，占领地盘，赢得生存空间，因而力气大的男性就要比女性承担更多的攻击任务。而力气小的女性也不会闲着，她们要承担更多更细致的采摘和哺育等工作。正因为如此，那些符合人类天性的网络游戏当然会让天性尚存的孩子迷恋而不能自拔。

孩子一旦迷恋网络并且成瘾，不仅耗费大量时间而影响学习，耗费精神伤害身体，也会让孩子染上不受约束贪图轻松享乐的坏习惯。因此，就如何防止孩子迷恋网络，如何让孩子戒除网瘾，在这里和大家做一些讨论。

治病要先治本。心理学家研究表明，孩子迷恋网络成瘾，大体是由下列几个原因造成的：

第一，把网络当成了玩伴。因为现在的孩子独自在家的时间多，群体玩耍的时间少，甚至不少孩子被完全围困在高楼里，玩耍的天性被完全剥夺，更无法和大自然亲密接触，而网络能让孩子达到玩耍和接触大自然的目的，而且可以尽情地无拘无束地发泄玩耍，所以孩子才会迷恋。

上网还可以看影片，孩子爱看动画片或者《动物世界》，这些也能让孩子轻松放松，能让孩子的天性得到释放和回归，因此也能让孩子着迷。有关实验表明，关在笼子里的大猩猩也喜欢看电视，当看到森林流水等大自然的景象时，便会高兴得又叫又跳，而大自然中的大猩猩，对电视里的大自然只有好奇而无兴奋。

第二，逃避学习压力，对学习失去信心而另找乐趣。现在的孩子学习压力太大，学习的竞争也太激烈，压力和竞争下，有些孩子自感学习不如别人，也无法赶上，从而失去信心，也产生自卑甚至自弃心理，从而对书本知识没有了兴趣，产生逃避现实的心理。孩子为了摆脱烦恼，会选择网络这种轻松愉快的娱乐方式，以此获得轻松快乐，安慰麻痹自己，也让自己回到本能的轻松状态。

如果说文明社会前的人是普通的动物，那么人的文明教育，就是要去掉人身上的那些动物性的东西，从而向文明人方向转化。而去掉动物性的东西，许多情况下就是限制人身上的一些天性，比如限制不受约束的放纵，限制某些控制欲占有欲等。限制这些当然不是一件快乐的事情，得有一定的信念和约束自己的能力才行。孩子一旦有了逃避放纵的心理，很容易在网络上找到补偿，寻找到天性中喜欢的东西，从而迷恋不能自拔。

第三，家长的过度反应，让孩子形成一种逆反心理。许多家长就怕孩子上网玩游戏，当孩子玩游戏时，总是不断地催促孩子离开，这样就会在家长的心里形成一个时间的误判，孩子玩半小时游戏，家长却感觉他玩了很长时间，于是就说孩子有了网瘾，从而在家长的心里形成一种心病：孩子一上网，家长就急，就烦恼，就督促孩子离开，这样孩子总有一种不满足和渴望的心理，时间久了，就会形成一种压制性的急迫需求，父母越不让上网，孩子心里越想上网，父母反对得越厉害，孩子的对立情绪就越大，心瘾也越重，从而形成一种逆反心理：你不让上网，我偏要抽空就上网。

不难看出，孩子迷恋网络，根源还是思想问题，本质是个兴趣问题，因此网络成瘾和鸦片成瘾是两个完全不同的概念。鸦片成瘾是鸦片破坏了人的正常神经系统，是让人的神经系统对鸦片产生必要的依赖，本质是一种生理问题。

而网络成瘾充其量也只是孩子在一定的环境下产生的特别爱好，只是孩子把过多的兴趣集中到了网络上，说穿了，除了是个兴趣问题，也是个心理问题。既然主要是兴趣和心理问题，当然只能按兴趣和心理来解决。解决的办法，也要从转移孩子的兴趣入手。

女儿上小学、中学时，网络虽然没有现在这么发达和便捷，但也是遍地网吧和游戏室。由于是新生事物，就有不少孩子迷恋它们，也让许多家长恐慌焦虑，甚至出现了专门戒除网瘾的专家和学校。

女儿却没让我担心，因为她的兴趣已经在学习上了，而且学习成绩好，信心也足，对学习达到了迷恋的程度，放学背上书包就往家里跑，回来就抱几本书如饥似渴地看。我知道，在她眼里，书中有比网络游戏更吸引她的东西，而且书中的知识也比网络里的更神秘，更有趣，更有吸引力。这当然不是天生的。

人们自然会好奇我是怎么做到的，是怎么让女儿始终对学习有着浓厚的兴趣的。对于这个问题，如果细说，原因是多方面的，但简要地说，是我们从小培养她读书学习的方法使然，让她从小就把读书学习当成了玩耍，进而对书中的知识产生了兴趣，产生了探索研究的欲望，然后有了探索研究的成就感和责任感。我这样说感觉有点儿抽象，那就具体举例来说。

我教女儿知识，都尽量和实物联系起来，教她加减法时就用饭桌上的食物，让她来计算分配，增加她的乐趣和满足她的控制欲。再大一点儿，我们教她知识时，也会和具体事物联系起来，给她讲清道理，让她明白世界上一切事物都是有道理的，让她增长知识的同时也增加探索未知的好奇心。女儿上学以后，遇到问题，我仍然联系实际讲解，而且能引用相关的故事就引用故事，能描绘一幅图景就描绘一幅图景，努力讲解得有情趣一点儿。

我始终认为，对孩子来说，兴趣是最好的老师和面包，因此激发孩子的兴趣最为重要，比如想让孩子做作业，我们可以这样说："来，老爸和你做游戏，游戏的内容，就是攻克一个世界难题，攻克了，你就是王子。"然后和孩子一起有说有笑地解决课本中的作业题，而且要想办法自然地真切地让学习变得像网络游戏一样有趣，至少是不太枯燥。

如果是和孩子在马路上行走，就可以给孩子讲，路边那棵孤独的树因为周围没有邻居，就可以尽情地伸展枝叶，充分地吸收阳光，所以长得又矮又胖。而林子里的树，因为大家挨得紧，没办法向四周伸展，就只能拼命往高长争阳光，所以长得又瘦又高。还可以讲一些植物生存和人类生存的问题。

通过这样的讲解，孩子就会觉得这个世界有趣而神秘，充满了知识，也充满了去探索的吸引力，从而增强孩子学习知识的兴趣和探索的欲望。孩子对学习有兴趣了，有信心了，取得学习成绩了，就会将注意力和爱好转移到学习上来。如果孩子整天想着学习忙于学习，当然也就没有兴趣和时间去玩游戏，而玩网络游戏，实质上也是一种失去学习的信念和信心，从而导致心中空虚甚至恐慌逃避的消极做法。

有人会说我有时间教孩子，他们却没有时间。或者说他们即使有时间，也感觉这样很累，根本做不到。其实我们夫妻比我们周围的任何人都要忙。我们刚到大学工作，文凭只有中专，要边工作边学习，然后拿到大专文凭，再拿到本科文凭。

那时的文凭不像现在这么容易拿到，那时的文凭还在一定程度代表着工资等级、人的身份、社会的地位、单位中的职务等，文凭的重要性不言而喻，所以拿到文凭要花费多少时间就可想而知。

另一方面我们的父母亲都不在身边，一切都得靠我们自己，那时的生活条件很差，我们住的是楼房，却没有领取液化气罐的资格，只能用煤油炉做饭，也没有双休日，艰难困苦可想而知。

因此，现在绝大多数人的条件要比我们那时好很多，空闲的时间也比我们那时多，没时间是不可能的，关键是怎么去做。我们爱孩子，当然忍不住要和孩子亲近玩耍，我们和孩子亲近玩耍时，就可以和孩子做这些知识游戏。比如我，往往是我学习累了，就和孩子玩一会儿，我们一起玩耍，对于我来说就是在休息，而且孩子也能学习。

让孩子不沉迷网络，还得有一些制度和措施的保障。根据我的经验，最好的办法就是给孩子制定一个作息时间表，把孩子每天要做的事白纸黑字地确定下来，张贴在显眼处，让孩子每天都知道今天要干些什么，时时都清楚现在要干什么，要干多长时间，这件事干完还要再干什么。孩子对要做的事心中有数，就会按照安排去做，而不会任由自己性子安排，比如不会总想着去轻轻松松上网。

有人会问孩子不听话不按照作息时间表去做怎么办。其实只要是心理正常的孩子，都有正常的精神和荣誉的需求，不会完全不听话，关键是我们怎么教育引导。

在制定作息时间表时，就要和孩子商量，要征得孩子的同意，要和孩子一起制定。而且除了安排学习时间，还要安排适当的娱乐活动和体育活动，也可以适当安排一点儿上网活动。

在安排作息时，要和孩子讲清楚，某些活动可以有弹性。比如作业多时，可以适当延长做作业时间；作业少时，也可以延长一点儿玩耍或体育锻炼的时间。但上网的时间就应该规定死，不能延长，没有特殊情况，不得超过安排好的时间，让孩子有一个严格控制自我的思想，这样孩子既有约束感，又不感到压迫。

在作息时间初执行时，一定要有监督，一定要严格执行，等孩子形成了遵守的习惯，就要放手让孩子自己执行，让孩子自己管理自己。因为充分地信任孩子，充分地把责任交给孩子，是孩子能够自我管理、自我约束的内因，孩子也会珍惜被信任的荣誉，从而养成遵守纪律约束自己的习惯。

我的外孙女现在既会用手机，也会用平板电脑，能自如地用手机和我们视频，给我们现场直播。她家新买的房子及周围的环境，她已经给我们直播了多次。但她不会打游戏，因为父母不给她教这些，她的父母也根本不玩这些。

外孙女小时候，她父母允许她看动画片，现在她自己就可以在电视或者平板电脑上选择性地观看，但她能看的，都是父母选择好的节目，而且规定了观看的时间，不经父母允许，她绝对不能看。

现在她已经形成了习惯，不是规定的时间她不看，即使在规定的时间，也要习惯性地问父母她能不能看，能看多长时间。形成这种习惯，她就能既自己做主去做，又知道有约束，也知道网络游戏的危害，知道电视看多了对眼睛的危害，从而自己约束自己，自己管理自己。

如果是孩子对学习失去信心而逃避学习才迷恋网络，家长就应该给孩子减压。这就首先需要家长实事求是，放弃那些不切合实际的高标准要求，按孩子的实际情况安排孩子的学习和生活。如果确实竞争不过别人的孩子，孩子在学习方面也没有先天的优势，那么父母首先要承认现实，降低对孩子学习方面的要求，多陪孩子玩玩有益有知识有兴趣的游戏，每天都陪孩子到户外走走，让孩子彻底放松。

等孩子的心情彻底轻松下来，再给他讲一些道理，讲学习的重要性和必要性。还要告诉孩子，父母不要求他有多好的学习成绩，只要求他努力学习，用心学习，尽心尽力地去学，没有压力地去学，学成什么样就什么样，他努力了，父母也就满意了，他自己也无怨无悔了。

讲清这些，父母不再给孩子加压力，孩子就不会有压力和焦虑，就会心平气和地去学习。只要孩子的注意力和兴趣放在了学习上，有了学习的信心，孩子就会自己约束自己，迷恋网络的问题也就解决了。

需要指出的是，为防止孩子迷恋网络游戏，许多家长采取的办法是查堵，要么断网，要么给手机或电脑设限。但父母的这些强制措施效果一般不会理想。人们的生活越来越离不开网络，网络也进入孩子的日常生活，不让孩子使用网络已经不大可能，孩子和学校、同学的联络交往也离不开网络。如果不让孩子使用网络，孩子不仅会感到不方便，也会感到和别人不一样，从而产生委屈甚至自卑心理，产生"道高一尺，魔高一丈"式的对抗心理，让你防不胜防、查不胜查；而且越堵防，孩子的欲望也越强烈，也越想方设法去上网打游戏。

这不由得让人想到大禹治水。治水必须要疏导，堵的结果只能是溃决泛滥。疏导的方法除了转移孩子的兴趣，把孩子的兴趣转移到学习上来，还需要做一些耐心细致的思想工作，而且思想工作既要动之以情、晓之以理，还要充满父母之爱，让孩子在爱的氛围中认识到迷恋网络游戏的害处，让孩子在爱的氛围中感受到父母的良苦用心，感受到父母承受的痛苦和无奈，感受到自己应当承担的责任。同时也让孩子在爱的氛围中认识到自己的错误，也对网络有一个清醒的认识，然后自觉自愿地克制上网的冲动，慢慢地把兴趣转移到学习上来。